信州発

旬の彩り、和のごはん

横山タカ子

清流出版

目次

暮らしの手遊び

はじめに

私が暮らす信州は、自然豊かな里山の風景が美しく、春の山菜、夏の野菜、秋の木の実……と、おいしい恵みにあふれています。

また、冬の寒さは保存食という知恵をもたらし、漬け物や乾物作りが盛んに行われてきました。それらは、家族のだんらんやおもてなしに欠かせない郷土の味です。

季節の節目にある行事を大切にする習慣も各地域に残っています。自然の恵みと健やかに過ごせることへの感謝を込めて、折々に飾り物をするのも、暮らしの楽しみです。

私の月々の料理としつらえ、保存食作りを一冊の本にまとめました。料理はどれも簡単なものばかり。いい素材と少しの調味料があれば、おいしくできるのです。さらに、簡単に手作りできる生活グッズもご紹介します。

私たちの暮らしが、季節の移ろいとともにあることを感じていただけたら、幸せです。

季節の味わい、保存の仕事

旬の野菜や果物ほど、おいしさが詰まったものはありません。その季節の体にちょうど合った苦みや甘味、酸味、旨味が、自然に絶妙にブレンドされているからなのでしょう。そんな四季折々の味わいを料理にしました。

　季節の味わいを長く楽しむ保存の仕事も、合わせてごらんください。素朴だけど温かみのある、クセになる味ばかりです。

［レシピの表記について］
・大さじ１は15mℓ、小さじ１は５mℓです。
・火加減は、特に表記がない場合は、中火で調理してください。
・保存期間は目安です。置き場所によって変わってくるので、注意しましょう。

弥生
幸せを願う春の香り膳

三月三日は桃の節句、ひな祭りです。とはいえ、信州に春が来るのは、菜の花が咲き出す四月に入ってから。旧暦の桃の節句まで待たなければなりません。

わが家には何種類かのひな人形がありますが、自分用に購入した奈良の一刀彫の五段飾りは、小さな一体一体に精巧な細工が施してあり、彩色もきれいです。私はこの愛らしいひな人形を、春の光が差してくる旧暦の桃の節句まで部屋に飾り、目を楽しませています。

女の子の成長を祝い、人形を飾るという行為は、なんと幸せなものなのでしょう。わが子をいとおしむ気持ち

に満たされるからでしょうか。

信州の比較的暖かい地方では、紙で作った一対のひな人形を川に流す「流しびな」の風習が残っています。これは、古代中国で桃の節句に、穢れを払うために川で身を清めたことからきているとか。ともあれ、ひな祭りは、春に向かう節目として大切にしたい行事です。

さて、ひな祭りに欠かせないのが、ちらし寿司と白酒。赤や緑、黄色に茶と、色とりどりの具をちらしたお寿司は、子どもたちの大好きなご馳走でした。夫婦だけで暮らすいまは、手軽に作れる菜の花ご飯で、春の気分を味わいます。白酒は酒粕で作ります。三月になると新酒ができるので、その搾りかすである酒粕が出回ります。その新鮮な酒粕で作るので、香りは強めです。

三月もお彼岸の頃になると、信州もようやく「三寒四温」を繰り返し、一歩ずつ春に近づいていきます。お彼岸に私がすることは、お墓参りとみそづくりです。

3月

春色の菜の花を
たっぷりご飯に
白酒も用意して
優雅なひとときを

毛氈（もうせん）のイメージで赤い布を敷き、小さな食卓をお膳にしました。おひな様と語らいながら、桃の節句のご馳走をいただくと、春の足音が聞こえてきます。お膳は、緑、黄色、白の清々しい色合わせで、すっきりとコーディネート。とう立ちした菜の花や桃の花を活けて華やぎを添え、幸多かれと祈ります。

お品書き

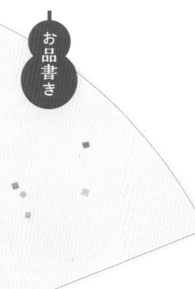

菜の花ご飯
細ねぎの酢みそ和え
豆腐のみそ漬け
菜の花の吸い物
豆腐と酒粕のスイーツ
酒粕の甘酒

香ばしく炒めて混ぜるだけ

菜の花ご飯

◆材料（3人分）

ご飯…3杯分
菜の花…100g
菜種油…大さじ1
薄口しょうゆ…大さじ1
黒粗びきこしょう…適量

◆作り方

1 菜の花は食べやすい長さに手でちぎり、流水で洗って水気をきる。
2 菜種油を熱して1をさっと炒め、薄口しょうゆを回しかける。これを炊き立てのご飯に混ぜる。
3 器に盛り、仕上げに黒粗びきこしょうをふる。

豆腐のみそ漬け

水きりした木綿豆腐をガーゼに包み、みそ床に2～3日漬けるとチーズのような食感に。みそは好みのものを使用。

コクがあるのにさわやか

細ねぎの酢みそ和え

◆**材料（2～3人分）**
細ねぎ…150ｇ
みそ…大さじ2
はちみつ…小さじ2
酢…大さじ1

◆作り方
1 細ねぎはさっとゆでて水に取り、3㎝長さに切る。
2 みそにはちみつを混ぜて酢で伸ばし、1を和える。

◉酒粕を使って

新酒が出回る2月から3月にかけては、新鮮な酒粕が手に入る時期。野菜や魚を粕漬けにするのもいいけれど、甘味や水分を加えて甘酒やスイーツにしても、豊潤な香りが楽しめます。

豆腐と酒粕のスイーツ

豆腐50ｇと酒粕20ｇをミキサーにかけ、豆乳大さじ5、砂糖小さじ2を混ぜて、とろりとしたクリーム状に。りんごのコンポートなど、好みのフルーツにかければ、ヘルシーなスイーツに。

酒粕の甘酒

板粕50ｇをつきくずし、はちみつ大さじ1/2を入れ、水1カップを加えながらよく混ぜる。鍋に移して加熱しながら木べらでかき混ぜ、なめらかにすると、香り豊かな甘酒のできあがり。

保存の仕事

手前みそ仕込み

◆材料
大豆…1kg
糀…800g
塩…400g

昔は、みそは家で作るもので、わが家だけの自慢の味を「手前みそ」といいました。みそ汁はもちろん、みそ漬け、酢みそ、みそ炒め、田楽など、毎日の料理に欠かせない、栄養豊富な発酵調味料。それがみそです。私は毎年、お彼岸の頃にみそ仕込みをします。

みそづくりは、大豆をゆでるか蒸してやわらかくし、よくすりつぶせば、あとは、糀(こうじ)と塩を混ぜて寝かせるだけ。半年くらいで食べられますが、一年以上寝かせてもいいのです。みそは糀の力で大豆を発酵させて旨味を醸すものなので、発酵菌が生きています。室内に置いておくと熟成し、茶色くなるのがその証拠。この過程を楽しみ、そのときどきのみそを味わうのが、手前みその醍醐味です。

できあがり
春に仕込んで夏を越すと、茶色っぽく熟成していい匂いのみそに！

1 大豆は3倍量の水に浸し、一晩おく。ゆでるか蒸す方法で、大豆をやわらかくなるまで加熱する。

2 加熱した大豆を数回に分けてフードプロセッサーにかけ、細かくつぶしたら、ボウルに移す。

3 別の容器に糀と塩を入れ、糀をほぐしながら混ぜる。ここへ、2の大豆を数回に分けて加え混ぜる。

4 3にゆで汁適量を入れて固めのペースト状にする。蒸し大豆の場合は、大豆少量を別にゆで、ゆで汁を作っておくこと。

5 4を一握りずつ丸め、空気が入らないように保存容器にきっちり詰めていく。

6 入れ終わったら表面を平らにならす。

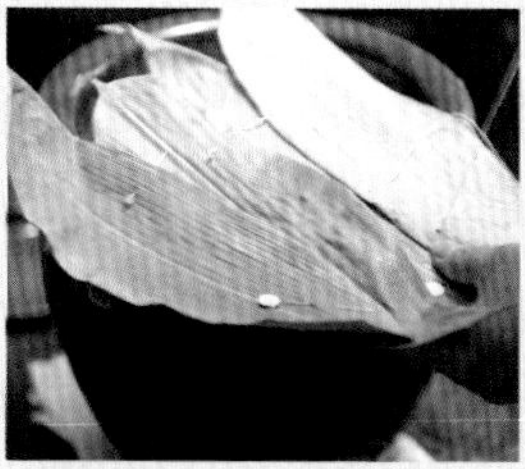

7 乾かした笹の葉数枚を糸で縫い、6の表面にかぶせてぴったり密着させる。

8 笹の葉の上に板粕をのせ、隙間ができないようにならす。これでカビの発生を防げる。

9 和紙などで容器の口をおおい、ひもでしばって蓋をし、日光の当たらない風通しのよい場所で半年寝かせる。

卯月
春を愛でるお花見弁当

一年を二四の季節に分ける二十四節気では、四月上旬から中旬までを「清明(せいめい)」といい、万物が清らかな命を誕生させ、明るい光に満ち溢れる様子を表しています。四月はまさに、新しい年度がスタートする節目であり、学校では新入生、職場では新社会人を迎えて、フレッシュな空気に包まれることでしょう。

ここ信州の桜は少し遅れて咲き始め、同じ頃に草木の芽吹きが始まり、山菜もぽつぽつと顔を出します。すると、枯れ色だった山々がうっすらと色づき、黄緑、薄緑、緑とグラデーションを描き、いきいきと輝き出します。

この頃は、一日の中でも気象の変化があり、朝はからっと晴れていても、午後から「花曇り」になったり、夜には「花冷え」がしたり。急に降ってきて、さっと上がる「花時雨（しぐれ）」、雨風が花びらを散らす「花嵐」……。桜を花と言い換えて、この時季の天候を表現した言葉には、自然とともに暮らしてきた人々の、桜への愛情と豊かな感性が感じられます。

桜を愛でるお花見に欠かせないのがお弁当。ささっと作れるおかずを二〜三品、彩りよく詰め合わせるだけでも、心がうきうきするお弁当になります。桜の木の下でささやかな宴会を開くのも楽しいものです。

この時季にちょうど出始めるのが山菜。信州の人々は冬の間、新鮮な緑の野菜がなくて、山菜を心待ちにしています。また、芽吹きの頃は体調をくずしやすいので、元気を取り戻すには山菜が最適。自然の移り変わりと食べ物の関係は、なんとうまくできているのでしょう。

桜の下でいただく とりどりの味 目にも鮮やかに 詰め合わせます

一〇人分がセットになっているお花見用の弁当箱に、銘々の分を詰め合わせて野外へ出かけます。八重桜の梅酢漬けを散らしたおこわ、卵焼き、白和えと、春色に彩り、旬の山菜も加えてシンプルながら味のバラエティーを楽しみます。

明るい陽の光と桜色の風景で、春爛漫の気分を存分に！

お品書き

桜おこわ
アスパラの白和え
たけのこのさば缶煮
卵焼き
山うどのみそ漬け
ラディッシュの酒粕はさみ

ふわっと広がる桜の香り

桜おこわ

◆材料

もち米…２合
水…150㎖
桜の梅酢漬け*…大さじ３

＊作り方はP20参照。

◆作り方

1 もち米は洗って、一晩水に浸けておく。
2 1の水分をよくきり、分量の水とともに鍋に入れて火にかける。木べらで鍋底から混ぜながら、鍋の中の水分がなくなるまで、もち米に水分を吸わせる。
3 蒸し器に敷き布を敷いて2を広げ、強火にかけて蒸気を上げ、15分蒸す。蒸し上がり５分前に桜の梅酢漬けを散らす。

出汁いらずの簡単煮物

たけのこのさば缶煮

◆材料（３～４人分）

たけのこの水煮…350ｇ
さば缶…１缶
しょうゆ…大さじ１

◆作り方

1 たけのこの水煮は一口大に切り、鍋に入れる。
2 1にさば缶を缶汁ごと入れ、軽くほぐして煮る。たけのこに火が通ったらしょうゆで味を調える。

衣にごまの風味をプラス

アスパラの白和え

◆材料

アスパラ…4本
木綿豆腐…150g
白練りごま…大さじ1
薄口しょうゆ…大さじ1/2

◆作り方

1 木綿豆腐はふきんに包んでまな板などで重石をし、水きりしておく。
2 アスパラは食べやすく斜め切りにし、さっとゆでる。
3 豆腐をすりつぶし、白練りごまと薄口しょうゆを合わせ、2を和える。

卵焼き

お弁当に欠かせない卵焼きは、砂糖、酒、薄口しょうゆ、塩で味をつけて焼く。熱いうちに巻き簀で巻き、形を整えて一口大に切る。

山うどのみそ漬け

うどは葉を取って皮を薄くむき、水洗いして、好みのみそに5時間ほど漬ける。ほどよくアクが抜け、歯ごたえのよいみそ漬けに。

保存の仕事

桜の梅酢漬け

一重の桜より一足遅れて咲くのが八重桜。桜色が濃く、とても華やかです。この八重桜を塩や梅酢で漬けると、独特の香りを放ちます。桜の塩漬けは、和菓子やあんぱんのアクセントによく使われ、結婚式などの祝いの席に出される桜湯は、これに白湯(さゆ)を注いだもの。

作り方はいたって簡単です。八重桜が手に入ったら塩をまぶして一晩おき、白梅酢で漬け込みます。白梅酢は、梅干しを作る過程で、梅を塩漬けにしたときに出る漬け汁。なければ、水に酢と塩を混ぜたもので代用します。冷蔵庫に入れておけば、一年以上保存でき、色もあせません。おこわや寿司飯に混ぜてどうぞ！

◆材料
八重桜…200g
塩…60g
（桜の分量の30%）
白梅酢*…400〜600mℓ

白梅酢がない場合は、
＊水400mℓに酢150mℓ、塩50gを混ぜて代用する。

1 八重桜は水洗いしてざるに上げ、容器に入れて塩をふる。

2 1の2〜3倍の重さの重石をのせて一晩おき、桜がひたるまで水を上げる。

3 桜を手ではさむようにしてしっかり水気をきり、ボウルに入れる。

4 白梅酢100mℓをかけて、塩漬けの桜を洗い、白梅酢は捨てる。桜をしぼって、たっぷりの白梅酢を回しかける。

のびるのしょうゆ漬け

田畑の側道など、身近なところに自生するのびるは、小ねぎより細く、根元に小さな球をつけています。これをしょうゆ漬けにすると常備菜にぴったり。苦みがほどよくマイルドになって、ご飯のお伴に重宝します。

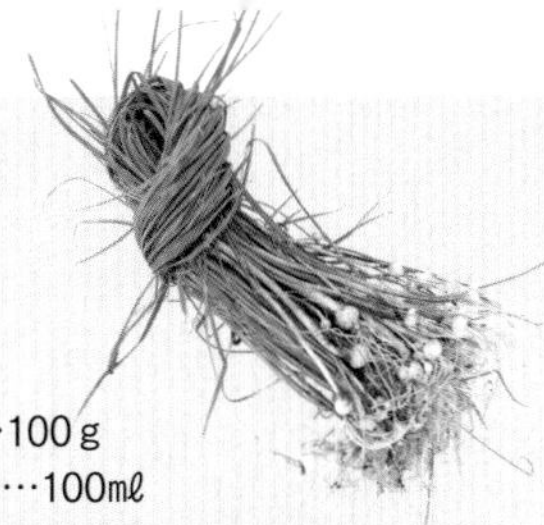

◆材料
のびる…100g
しょうゆ…100mℓ

1 のびるはきれいに洗い、アクが出ないうちに細かく小口切りにする。根元の白い球は形を残し、葉とともにボウルに入れる。

2 しょうゆを回しかけ、よく混ぜて保存容器に入れる。翌日から食べられ、冷蔵庫で1か月ほど保存できる。

豆腐やゆで野菜にかけたり、納豆と混ぜてもおいしい。

保存ビンに4を詰めて冷蔵庫で保存する。1年以上、色落ちせずにもつ。

よもぎペースト

4月になると葉が伸びてくるよもぎは、やわらかい葉先を摘んでペーストに。

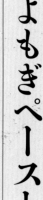

四月の声を聞くと、枯れ葉におおわれていた地面から緑の草が顔を出し、すくすくと伸びてきます。その一つが若草色のよもぎ。だんだんと葉の色が濃くなって、こんもりとしてきます。

私は、山のほうへ行って摘んできたよもぎをさっとゆでてペースト状に。冷凍しておけば、よもぎ入りのお菓子や手打ちめんがいつでも作れます。今回は市販の切り餅を蒸して、よもぎペーストを混ぜ、よもぎ餅にしました。

よもぎといえば昔から、乾燥させたものが薬草として用いられてきました。お茶にして飲めば、胃腸の不調や手足の冷えなどに効果があるといわれ、入浴剤としてお風呂に入れると、皮膚のトラブルが改善されるそうです。

1 よもぎ（200～300g）は水洗いし、熱湯でさっとゆでる。

2 1をざるに上げて水にさらし、冷ます。

3 よもぎの水気をよくしぼり、フードプロセッサーでペースト状になるまで攪拌する。

4 3を適量ずつ保存袋に入れて空気を抜き、冷凍する。

よもぎ餅

◆材料（3～4個分）
よもぎペースト…15ｇ
切り餅…3個

よもぎペーストと市販の切り餅で、手軽に作れるよもぎ餅。きな粉をまぶし、春の色と香りを楽しんで！

1 冷凍よもぎペーストは解凍しておく。切り餅はやわらかく蒸してすり鉢に入れ、よもぎペーストを加えて、すりこぎでつきながらよく混ぜる。

2 水で濡らした手で1を1個分取り、親指と人差し指の輪を通すようにしてしぼり、形を整える。

皐月

緑さやかな里山の味

五月五日は端午の節句。菖蒲（しょうぶ）の節句ともいわれ、わが家では門口（かどぐち）に菖蒲とよもぎの葉を飾り、家族の健康を祈ります。菖蒲は香りが強く、邪気を払うとされ、菖蒲湯に入るのもそのためです。男の子は菖蒲の鉢巻きをしたりもします。菖蒲が「勝負」や「尚武」に通じることから、武家社会になってから、菖蒲の節句が男の子の節句になったそうです。鎧兜（よろいかぶと）を着けた五月人形を飾るのも、男の子に勇ましい武将になってほしいと願った時代の名残なのでしょう。

五月人形に添えるのは柏餅。柏の葉は、新しい葉が出

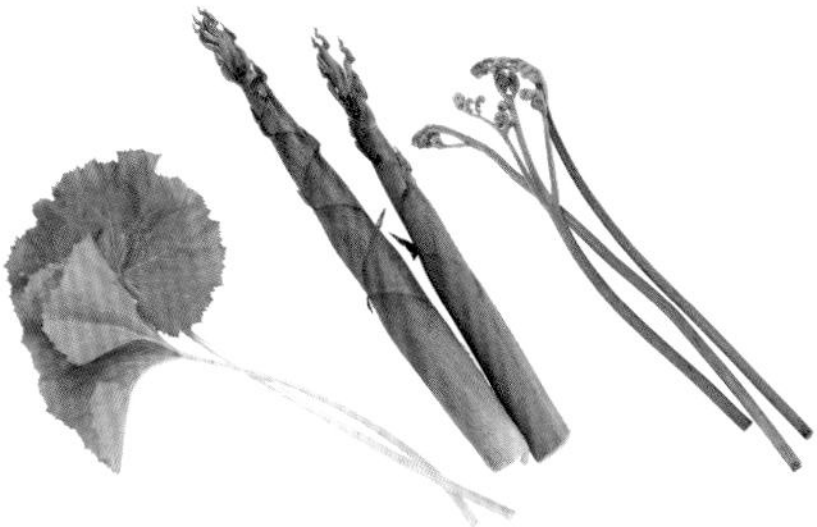

るまで古い葉が落ちないため、家系が代々続く象徴とされています。私は毎年、この柏餅を手作りし、家族みんなでおいしくいただきます。

この時季のもう一つの楽しみは山菜摘み。本格的な春の到来とともに山菜の苦みが恋しくなります。ふきのとうから始まって、たらの芽、こごみ、わらび、せり……と、山菜が次々に顔を出し、春の里山は大賑わいです。

山菜が一段落すると、今度はたけのこが出始めます。たけのこといっても、長野市周辺で採れるのは、孟宗竹（もうそうちく）より遅く出る、細身の淡竹（はちく）。破竹とも書き、あっという間に丈が伸びるのが特徴です。同じ長野県でも北部のほうでは、破竹よりも細い根曲がり竹が採れます。

たけのこは成長すると竹になり、竹は日本では、昔から暮らしの道具や工芸品の素材として親しまれてきました。いろいろな編み方をしたざるは、台所や食卓に、自然の空気を運んでくれます。

野にある山菜ならではの
ほのかな苦みで
心身をリフレッシュ！

春の里山の恵みがいっぱいの、さわやかな香り漂うお膳に仕立てました。山菜おこわは粽（ちまき）にちなんで、緑の朴葉（ほおば）にのせて二つ折りに。やわらかい淡竹は、姿を生かした盛りつけで、野趣にあふれる季節感を演出。お吸い物もたけのこです。

五月人形はかわいい桃太郎。折り紙の兜をかぶせて、端午の節句を祝います。

お品書き

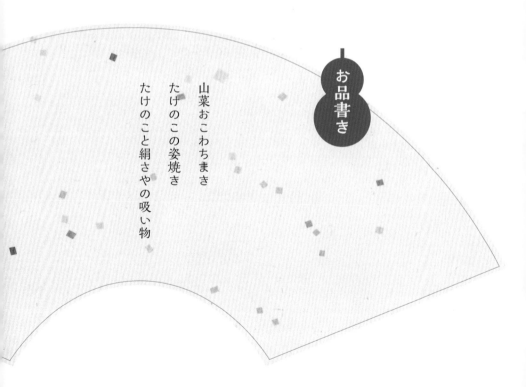

山菜おこわちまき
たけのこの姿焼き
たけのこと絹さやの吸い物

素朴な旨味ともっちりした食感

山菜おこわちまき

◆材料（4人分）

もち米…2合
わらびとふきの塩漬け*…160g
干ししいたけ…2枚
にんじん…1/2本（50g）
鶏もも肉…100g
油揚げ…1枚
みりん、しょうゆ…各大さじ1

*作り方はP31参照。

◆作り方

1 もち米は一晩水に浸けて、水分をきる。
2 塩漬けのわらびとふきは水に浸けて、塩気が少々残る程度に塩を抜き、ざるに上げる。
3 水で戻した干ししいたけとにんじんは、せん切りにする。鶏もも肉と油揚げは食べやすい大きさに切る。
4 鍋に2と水150mℓを入れて火にかけ、水分がなくなったら水を足し、やわらかくなるまで煮る。3を加えて火を通し、みりんとしょうゆで味を調える。
5 4の煮汁を取り分け、水を足して150mℓにする。
6 鍋に1のもち米を入れて5を加え、火にかける。鍋底から木べらで混ぜながらもち米に水分を吸わせる。ここへ4の具を混ぜる。
7 蒸気の上がった蒸し器に敷き布または竹の皮を敷き、6を広げて強火で15分蒸す。これを朴の葉などに包んで出す。

香ばしさを楽しむ
たけのこの姿焼き

◆材料（2人分）
ゆでたけのこ（淡竹）…1本
みそ（好みのもの）…大さじ2～3

◆作り方
1 たけのこは縦半分に切り、みそを塗る。
2 1をアルミホイルにのせ、グリルかオーブントースターに入れて、みそに軽く焦げめがつくまで焼く。

さわやかなのど越し
たけのこと絹さやの吸い物

◆材料（4人分）
ゆでたけのこ（淡竹）…1/2本
絹さや…4枚
出汁…600mℓ（昆布5×5cm、煮干し5g）
塩…小さじ1/2
薄口しょうゆ…大さじ1弱

◆作り方
1 水に昆布と煮干しを入れて中火にかけ、出汁を取る。
2 たけのこは薄切りにする。絹さやはさっとゆでて、せん切りにする。
3 1にたけのこを入れて温め、塩、薄口しょうゆで味を調え、器に盛って絹さやを散らす。

保存の仕事
淡竹たけのこの水煮

淡竹たけのこは採り立てをすぐにゆでれば、えぐみはほとんどなく、煮ても焼いてもおいしく食べられます。ゆでるときは、淡紅色の皮をむかずにそのまま、やわらかくなるまで火を通します。皮をむいてビン詰めにしておけば、いつでもたけのこ料理が作れます。

ゆでた淡竹は皮をむいて、保存ビンの大きさに合わせて切る。ビンに詰めて水を注ぎ、蓋をする。

◆材料
淡竹…5～6本
米ぬか…1カップ
赤唐辛子…1～2本

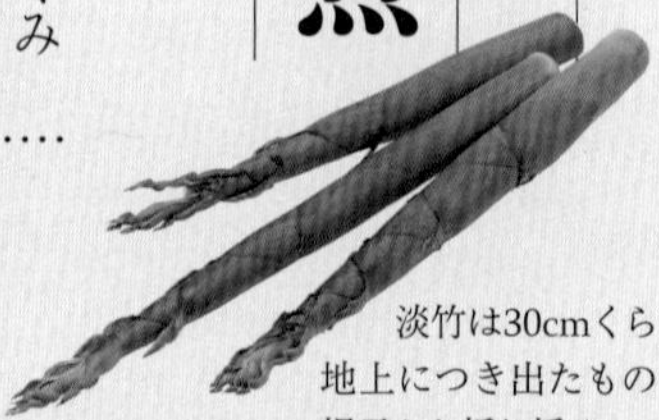

淡竹は30cmくらい地上につき出たものを根元から折り採る。

1 淡竹は鍋に入る大きさに切り、たっぷりの水を張る。米ぬかと赤唐辛子を入れて火にかけ、竹串をさしてすっと通るまでゆで、そのまま冷ます。

2 ゆで汁を捨てて新しい水を張り、1日おく。その間、2～3回水を替える。

◉脱気して保存

大きめの鍋にたけのこを詰めたビンを入れ、ビンの肩まで水を張り、沸かす。ビンの蓋はゆるめておく。15分くらい沸騰させたら蓋をきっちり閉める。これで中の空気が抜け、常温で約1年保存できる。

わらびとふきの塩漬け

山菜は塩漬けにすることで、水と一緒にアクが流れ出て、塩によって発酵し、少し酸っぱい味がつきます。これをほかの食材に加えて調理すると、発酵味が調味料となって、独特のおいしさを醸し出してくれます。

◆材料
わらび、ふき…各100ｇ
塩…4ｇ
（わらびとふきの重さの2%）

わらびはやわらかく、ややぬめりのある食感。ふきは茎が細い、出始めのものを使用。

1 生のわらびとふきは1㎝幅に切り、ボウルに入れて塩をふる。上下を返しながら全体に塩をまぶす。

2 重石をして、水が上がるまで待つ。

3 2を保存ビンに詰め、冷蔵庫で保存する。6か月くらい保存できる。

しょうがのしそ漬け

新しょうがは甘酢漬けにするとその持ち味が生かされ、お寿司に添えるガリとして用いられます。この甘酢漬けに赤じそを加えると、鮮やかな紅色に染まります。

ここでは、甘酢の代わりに「さしす液」を使い、風味のよい紅しょうがを作ります。さしす液は、梅を砂糖と塩、酢で漬けた「さしす梅」の梅酢です（P40－41参照）。

作り方のポイントは、新しょうがの表面に塩をすり込んで一晩おき、水分を出すこと。赤じそは塩もみしてしぼり、アクを出します。あとは、しょうがと赤じそを交互に重ねて漬けておけばできあがり。そのまま食べてもよく、和え物や炒め物に加えれば、ピリッとした辛みとさわやかな酸味が豊かな味わいにしてくれます。

スライスして箸休めに、刻んで料理に加えれば、しその香りが楽しめる。

やわらかく、新鮮な香りの新しょうがと、色がよく出る赤じそを使用。

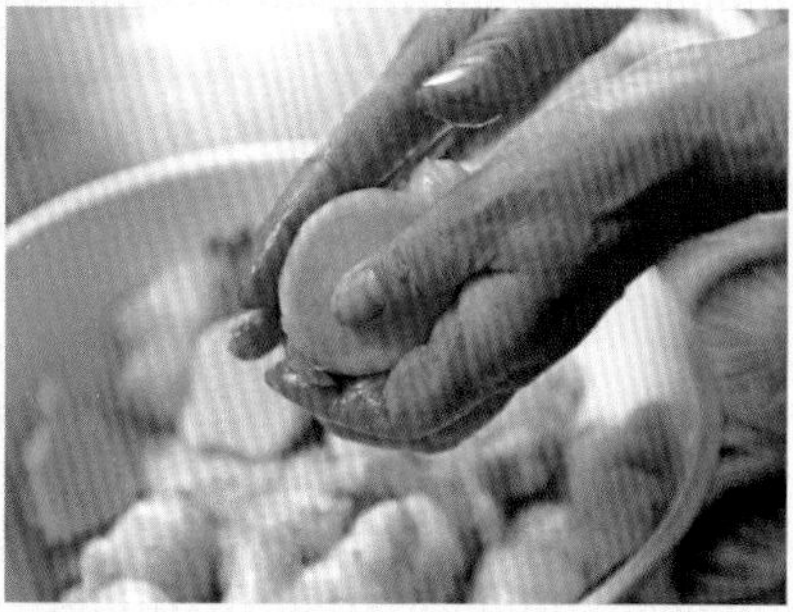

◆材料（作りやすい分量）
しょうが…1kg
　塩…20g（しょうがの重さの2%）
赤じそ…200g
　塩…大さじ2
さしす液*…600mℓ

*さしす液がなければ、甘酢（酢600mℓ、砂糖150g、塩15g）で代用する。

1 しょうがは皮つきのまま洗って水気を拭き、大きいものは半分に切る。ボウルに入れて、しょうがに塩（2%）を手でこすりつける。全体を混ぜ、一晩おく。

2 赤じそは葉だけを摘み、ボウルに入れて塩大さじ1をふり、しっかりもむ。

3 赤紫の汁が出たら、葉をぎゅっとしぼって汁は捨てる。ここへ再度、塩大さじ1をふってもみ、汁は捨てる。

4 ガラスビンなどの保存容器に、もんだ赤じそと1のしょうがを交互に入れる。さしす液を注いで蓋をし、漬け込む。

5 1～2週間経つと、鮮やかな色に染まった紅しょうがに。

水無月

雨の季節はさっぱり梅味

六月といえば梅雨の季節。七月の中旬頃までは雨の日が多く、じめじめと湿度の高い日が続きます。しかし、六月の雨は田植えをしたあとのお米を育てる恵みの雨。そして、この時季にたっぷりと水をため込んだ山から、私たちは一年中、湧き水をいただくことができるのです。そう思うと、雨にも感謝したくなります。

「梅雨」の語源には諸説あるようですが、たくさんの雨が草木の葉に「露」をもたらしている様子からきたもの、という説が自然に感じます。「梅」の字を当てはめたのは、ちょうど梅の実の収穫時期と重なるからなのでしょ

う。豊富な水分を吸ってふくらんだ梅の実は、日本人にとって大切な食べ物。黄色く熟すと芳しい香りを放ち、これが梅干しの材料になります。
梅干しは、六月末から七月にかけて黄熟した梅を塩漬けにし、梅雨明けを待って三日三晩天日に干して作ります。梅干しには殺菌作用があり、カビやバイ菌が繁殖しやすい梅雨にこそ食べたいもの。お弁当に梅干しを入れるのは、ご飯が傷むのを防ぐためでもあります。また、梅に含まれるクエン酸は、疲労回復に効果があるとされており、刺激的な酸っぱさが食欲を増してくれます。
いま食べる梅干しは、去年、またはそれ以前に漬けたもの。毎年、先のことを考えて作るのが保存食です。春に仕込んだみそが、夏の暑さや秋の涼しさを経て熟成するように、梅干しも月日が経つにつれ、酸味と塩味がこなれてきて、まろやかな味になります。「時間はおいしい調味料」なのです。

「さしす梅干し」や「さしす」を料理の味つけに――梅雨を乗り切る秘訣です

梅干しを炊き込んだおにぎりは傷みにくく、この時季のお弁当にぴったり。「さしす梅干し」の漬け汁「さしす」を使った和え物と一緒に、竹かごにセットしました。デザートの寒天あんみつは、ひんやり冷やして、のど越しよくいただきます。食卓は、山ぶどうの葉と布製のかたつむりで、梅雨のイメージを表現。

お品書き

さしす梅干しの
　炊き込みおにぎり
きゅうりと塩丸いかの
　さしすもみ
寒天と小豆の夏あんみつ

梅の香りで食欲増進。お弁当にも

さしす梅干しの炊き込みおにぎり

◆材料（4～5人分）

米…2合
さしす梅干し*…6個

＊P40－41参照。

◆作り方

1 米は洗って30分以上浸水し、ざるに上げて水気をきる。炊飯器に米と梅干しを入れ、通常の水加減で炊く。
2 炊き上がったら梅干しの実をほぐしながらよく混ぜ、種を除いて、おにぎりにする。

お口の中がさっぱり！

きゅうりと塩丸いかのさしすもみ

◆材料（作りやすい分量）
塩丸いか（いかの塩漬け）…１杯
きゅうり…１本
さしす液*…適量

＊P40－41参照。

◆作り方
1 塩丸いかは水に浸けて塩分が少し残る程度に塩抜きする。
2 きゅうりはピーラーで薄切りにし、1は輪切りにする。
3 2を合わせてさしす液を入れ、もみ込む。

寒天と小豆の夏あんみつ

寒天の角切りに、甘く煮た小豆とオレンジピールをのせ、黒蜜をかけたデザート。寒天は糸寒天を戻して水で煮溶かし、冷やし固める。

保存の仕事

さしす梅干し

鈴なりになった小梅は、黄色っぽく色づいたところで収穫。

梅干しの梅は、青梅ではなく、赤味を帯びた黄色く熟した梅を使ったほうが、やわらかく仕上がります。通常の梅干しは梅の重さの一五%程度の塩を加え、塩漬けにしてから干すのですが、ここでは、砂糖＝「さ」と、塩＝「し」、酢＝「す」で漬ける「さしす梅干し」をご紹介。塩の割合は一〇%と控えめ、やや甘めの漬け汁です。この方法だと梅が空気に触れることなく、カビの心配はありません。梅を容器に入れて調味料を加えるだけなので、とても簡単。そのうえ、漬け汁を甘酢代わりに利用できることが大きなメリットです。

ここでは、小梅を使いましたが、普通サイズの梅でも作り方は同じです。梅雨が明けた土用の頃、からっと晴れた日にざるに並べて干せば、できあがり。梅はさっぱりした減塩・無添加のおいしい梅干しに、漬け汁（さしす液）は梅の香りの甘酢として利用できます。

◆材料（作りやすい分量）

小梅…1kg
砂糖…300g
塩…100g
酢…800mℓ

1 梅を流水できれいに洗い、ざるに上げる。

2 ふきんで梅の水気を拭き取り、保存ビンに入れる。

3 2に分量の砂糖と塩を入れ、上から酢を注ぐ。

さしす梅干しはそのまま食べても、ご飯や和え物に混ぜても美味。さしす液は寿司酢、酢の物、ドリンクにも。トマトジュースと混ぜるとさわやか。

4 蓋を閉め、ときどきビンをふったり、消毒した菜箸で混ぜ、土用の頃までおく。

5 晴天が続く日を選び、梅の実と漬け汁に分け、実をざるに広げ、3日3晩干す。

6 干し上がった梅はつぼなどに入れて、液は保存ビンに入れて冷暗所で保存。

にんにくの梅花漬け

切り口を梅の花に見立てたしょうゆ漬けとみそ漬け。おにぎりのつけ合わせや酒の肴にも好適。箸先でほじると粒が取り出しやすい。

体調をくずしやすいこれからの季節には、にんにくの独特な香りが最適。この香りの成分には新陳代謝を促す働きがあり、疲労回復、スタミナ増進に効果があるそうです。そんなにんにくをいっそうおいしく食べるために、しょうゆ漬けとみそ漬けを作ってみましょう。にんにくは皮をむかずに丸ごと使い、漬け上がったら横半分に切って盛りつけると、梅の花のような形になることから、「梅花漬け」と呼んでいます。

このにんにくは、すりおろしたりスライスして用いてもよく、漬けたしょうゆやみそも、にんにく風味の調味料として炒め物や和え物、たれなどに使えます。

新にんにくは水分が多く香りも強い。シャキシャキした歯ごたえが特徴。

◆**材料（作りやすい分量）**

しょうゆ漬け
　にんにく…1kg
　白梅酢*…適量
しょうゆ…500mℓ

みそ漬け
　にんにく…1kg
　白梅酢*…適量
みそ…500g

* 白梅酢がない場合はP20を参照。

1 にんにくをボウルに入れて白梅酢をひたひたに注ぎ、一晩漬けておく。

2 にんにくはざるに並べ、丸ごと天日に1日干し、ある程度水分を抜く。

3 しょうゆ漬けは、保存ビンに2を入れ、しょうゆを注ぐ。みそ漬けは、にんにくにみそをまぶし、保存ビンに詰める。1～3か月くらい室温において味をなじませる。

文月
暑さに備える食

七月の行事といえば七夕。五色の短冊に願いごとを書いて、星に届けと祈ります。ただ、新暦の七月七日はまだ梅雨が明けきれず、曇りがちな夜空。牽牛と織姫が年に一度会う、天の川がよく見えないのが残念です。

わが家の七夕飾りは「笹に短冊」だけではなく、必ず、七夕人形を飾ります。これは長野県松本市を中心に広がっている風習。男女一対の人形を風の通る軒下などに吊るし、人形に厄を託して、風でその厄を吹き払ってもらうのです。そして、夏の野菜や果物をかご盛りにして供え、天候の異変もなく、作物が豊かに実りますように、

暑さに負けず健康に過ごせますように、と願います。

七月中旬に梅雨が明けると、空はすっきりと晴れ上がり、二十日頃には夏の土用に入ります。土用の丑（うし）の日はうなぎを食べる日として定着していますが、うなぎの代わりに「う」のつく、うり、うどん、梅などを食べても夏バテ防止になるといわれています。

食が進む食べ物といえば、やはり保存食の出番です。昨年漬けた梅干し、春に漬けた山菜のしょうゆ漬けなどは、ほどよい塩気や酸味、風味が舌にさわやか。ご飯にのせたり、そうめんや冷や麦の薬味に、和え物に、冷奴のトッピングにと大活躍します。

夏の強い日差しは避けたほうが賢明ですが、逆にその光を利用すれば、夏の保存食作りができます。たくさんとれる夏野菜をカラカラに干したり、塩漬けやしそ漬けにしておいた梅を天日に干して、ふっくらとした梅干しに仕上げるのも、この頃です。

のど越しよく いただける調理法で 食欲を刺激する味を いろいろ組み合わせて

七夕には、笹に短冊、野菜のかご盛り、一対の紙人形をしつらえて、田畑の無事と家族の息災を祈ります。

梅雨から真夏へと気候の変動が大きく、体調をくずしやすい季節だから、食べやすく調理したものを少しずつ取り合わせて、酸味や塩味をちょっとだけ効かせ、甘味や旨味でやさしく体をいやします。

お品書き

なすそうめん
うなぎ豆腐
梅干しの白板昆布包み
きゅうりの佃煮
干しプチトマトのデザート

七夕

なすの煮汁で一味おいしく

なすそうめん

◆材料（4人分）

なす…4本（500g）
菜種油…大さじ1
水…100mℓ
砂糖…大さじ1と1/2
しょうゆ…大さじ3
そうめん…適量

◆作り方

1 なすは縦半分に切り、皮のほうに細かい斜めの切り込みを入れ、水洗いする。
2 鍋に菜種油を引き、なすの皮目を焼いて裏返し、水と砂糖、しょうゆを加えて弱火で煮る。
3 そうめんをゆで、水にさらして水をきり、器に盛って、2のなすを煮汁ごと添える。

梅干しの白板昆布包み

旨味のある白板昆布をさしす液に浸してやわらかくし、さしす梅干しを包んだ、さっぱりいただける一皿。

＊さしす液、さしす梅干しは、P40ー41を参照。

夏バテ防止に最適

うなぎ豆腐

◆材料（４人分）

うなぎの蒲焼き…１尾
木綿豆腐…１丁
小麦粉…大さじ３
菜種油…大さじ１
うなぎの蒲焼きのたれ…適量

◆作り方

1 木綿豆腐はふきんに包み、まな板などをのせて30分ほど水きりし、１cm幅に切る。うなぎの蒲焼きは３～４cm幅に切る。
2 豆腐の表面に小麦粉をふり、菜種油を引いたフライパンで両面を焼き、器に盛ってうなぎの蒲焼をのせる。
3 たれをからめ、あれば山椒の実のしょうゆ漬けをのせる。

干しプチトマトのデザート

干して甘くなったプチトマトにはちみつをかけて簡単デザートに。好みで干しぶどうを添えて。

保存の仕事
干し野菜

プチトマトは半分に切り、切り口を上にしてざるに並べる。日差しの強い時間帯に6時間くらい干す。

夏野菜なら、なんでも干してOK。甘味や香りが凝縮された食材に。

夏の土用が過ぎると、一年中でいちばん暑い「大暑(たいしょ)」に入ります。夏野菜がどんどん生長して、たくさん出回りますから、食べきれないものは干して保存食にしましょう。野菜を干す方法は昔からあり、切干し大根、干ししいたけ、かんぴょうなどの乾物は、天日干しで作られてきました。お年寄りから「太陽の光は誰にでも平等に、タダでくれるもの。利用しない手はない」と聞いたことがあります。本当にその通りですね。

野菜は、薄切りか細切りにして、ざるに重ならないように並べたら、直射日光の当たる場所に出しておきます。朝から六時間くらい干せば十分。干した野菜は水分が抜ける分、旨味や甘味がギュッと凝縮され、生の野菜とはまた別の味わいがあります。そのままみそ汁の具や煮物に使ってもよく、プチトマトはとても甘くなるので、デザートにぴったりです。

なすは皮をむき、身は５㎜厚さにスライスする。ピーマンはヘタと種を取って細切りにし、ししとうは縦半分に切る。ざるに並べて、カラカラに乾くまで天日に干す。

干し上がった野菜はポリ袋に入れて、湿気ないように口をしぼり、保存。

らっきょうのしょうゆ糀漬け

糀の甘味がしょうゆの塩気をマイルドにし、甘酢漬けと一味違う、らっきょうのおいしさが味わえる。

泥付きらっきょうは流水でよく洗い、薄皮をむいて使う。

3 最後に残りのしょうゆ糀を入れ、表面をならして蓋をし、漬け込む。

らっきょうが多めに手に入ったら、しょうゆ漬け（らっきょうと同量のしょうゆに漬ける）も作ってみよう。どちらも1か月後くらいからおいしく食べられる。

夏に食べたくなるのが、カリッとした歯ごたえ、さっぱりしたあと口の、らっきょう漬けです。らっきょうは六月中旬から七月中旬に収穫される、いわば季節限定品。店頭に並んだら、時期を逃さず漬けましょう。

甘酢漬けにすることの多いらっきょうですが、ここではしょうゆ糀（P120－121参照）で漬けてみました。糀の働きで甘味がつき、まろやかなコクが感じられます。

らっきょうは塩で下漬けしてから本漬けします。最近は、ひげ根と薄皮を除いた「洗いらっきょう」も市販されていますが、泥付きらっきょうの場合は流水できれいに洗い、薄皮をむいて塩をまぶし、下漬けします。本漬けは、しょうゆ糀でらっきょうを挟むようにして容器に入れ、上下からしょうゆ糀のエキスをしみ込ませます。らっきょうの独特の香りには、スタミナ増強や疲労回復に効果があるといわれ、夏バテ防止に最適。夏負けしそうな体を元気にしてくれます。

◆材料（作りやすい分量）

らっきょう…1kg
塩…20g（らっきょうの重さの2％）
しょうゆ糀＊…1kg

＊しょうゆ糀の作り方はP121を参照。

1 らっきょうをボウルに入れて分量の塩をふり、全体にまんべんなくまぶす。そのまま一晩おく。

2 ガラスなどの保存容器の底にしょうゆ糀を1/3量ほど入れる。らっきょうの水分をふきんでていねいに拭きながら、容器に入れていく。

葉月
涼を呼ぶ食卓

比較的涼しい信州とはいえ、真夏の暑さは体にこたえます。そこで私は、昔からの知恵にならって、暮らしに涼を呼び込むことに。庭に面したガラス戸は開けっ放しにし、簾（すだれ）や薄手のカーテンで日除けをしながら、家の中まで風を通します。部屋の襖（ふすま）を、夏の初めに簾を枠にはめ込んだ簾戸（すど）に変えておくのも風通しのためです。

風が止んだら「水うちわ」の出番です。水うちわは表面に天然のニスが薄く塗ってあり、水をつけて扇ぐと水しぶきが飛び散って、涼しい風を送ってくれます。風情があると思いませんか？渦巻き型の蚊取り線香を焚（た）く

のも、香り漂う煙に趣があるから。しかも威力は絶大！

夏を乗り切る工夫は食事にもあります。私の場合は、夏野菜を山ほど食べること。トマトやきゅうり、うり、なす、ピーマンといった夏野菜には水分が多く、体のほてりを冷ましてくれます。生で食べられるものはサラダや酢の物でたっぷり食べ、なすやピーマンは炒めたり揚げたり、トマトと一緒に煮込んでもおいしいもの。

また、きゅうりやなす、うりは、漬け物にすると、塩の力で発酵が進み、夏の疲れをいやす食となります。

調理は食材の持ち味を生かした、さわやかな食味と食感を心がけましょう。例えば、寿司飯に夏野菜をたっぷり加えてみると、酸味のあるご飯と生野菜の歯ごたえのよさがあいまって、箸が進みます。白玉や寒天、ところてんなど、冷たいデザートを添えるのもいいですね。

こうした夏の暮らしに慣れてきた頃、セミが鳴き始め、朝夕はほっとする季節もすぐそこに。

生野菜たっぷりお寿司ご飯で
ヘルシーに
つるんと冷たい白玉は
夏ならではの美味！

シャキッとした食感のきゅうりやかぶ、さわやかな甘みのトマトやパプリカを豪快に混ぜ込んで、サラダ感覚のお寿司に。

箸休めに、しその香りと発酵味が食欲を刺激する、さっぱりしたあと口の手作りしば漬けを添えました。

氷を入れて冷たくした白玉は、黒蜜ときな粉をお好みで混ぜて、召し上がれ！

お品書き

夏野菜ちらし寿司
しば漬け
白玉デザート

お寿司ご飯にさわやかな歯ざわりをプラス

夏野菜ちらし寿司

◆材料（３～４人分）

米…２合
寿司酢
　酢…大さじ４
　砂糖…小さじ３
　塩…小さじ１
セニョリータ（パプリカ）…70ｇ
赤ピーマン…１個
トマト…中１個
きゅうり…1/2本
赤かぶ…1/4個

◆作り方

1 寿司酢の材料を混ぜておく。ご飯を炊き、炊きたてを飯台に移し、寿司酢を混ぜ込む。
2 セニョリータはゆでて一口大に切る。赤ピーマン、トマトも一口大に切る。きゅうりは斜め薄切りにし、赤かぶは薄切りにする。
3 1に2を入れて、ご飯をつぶさないようにして混ぜる。

お好みの甘味でどうぞ

白玉デザート

◆材料（作りやすい分量）

白玉粉…100ｇ
黒蜜…適量
きな粉…適量

◆作り方

1 白玉粉に水適量を加えて耳たぶくらいのやわらかさに練る。
2 鍋に湯を沸かし、1を丸めて入れる。白玉が浮いてきたら、さらに1分ほどゆで、冷水に放す。
3 2を器に盛り、黒蜜ときな粉をかける。

しば漬け

発酵が進むと全体が薄紫色に染まる。さわやかな酸味が暑い季節にぴったり（作り方はP60）。

保存の仕事
しば漬け

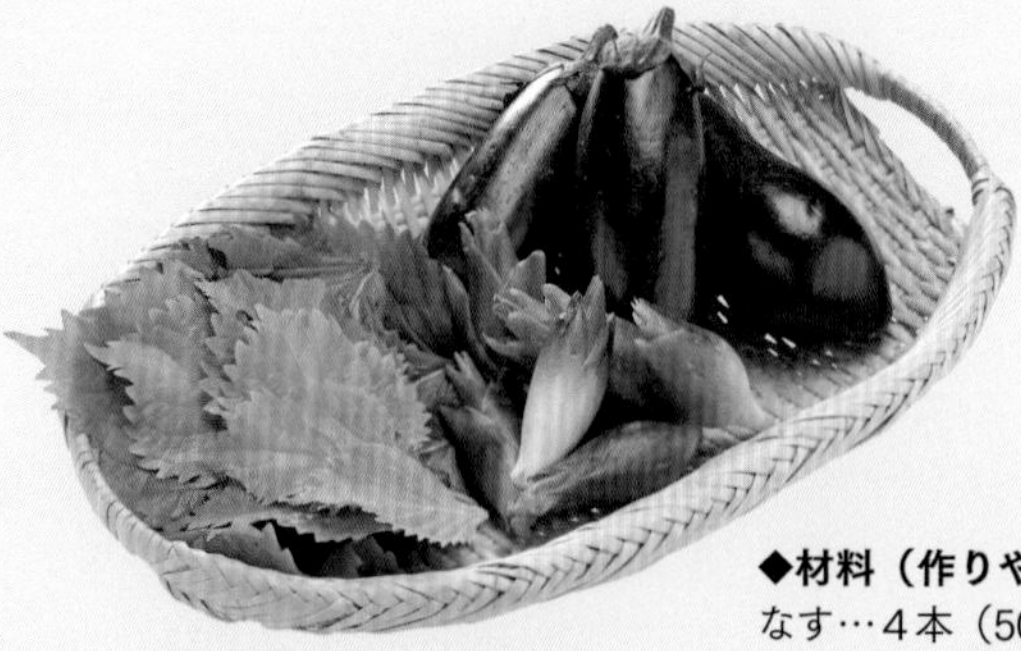

塩で漬けると独特の風味が出るなすをメインに、香味野菜で涼しげな香りをつける。

◆材料（作りやすい分量）
なす…４本（500ｇ）
みょうが…６本（150ｇ）
青じそ…10枚（50ｇ）
塩…20ｇ（全体の３％）

夏野菜がたくさんとれるこの時季、塩だけで本物のしば漬けを作ってみませんか？　ここでは、なすとみょうが、青じそで作ります。青じそは、塩の力で発酵が進むにつれて、きれいな薄紫色に染まります。作り方は、なす、みょうが、青じその順に塩を振りながら重ねていき、重石をして三～四日おくだけ。しその香りとほどよい酸味がとてもさわやかです。

1　なすは縦半分に切り、斜め薄切りにする。みょうがは細切りにして水洗いし、細かい汚れを取り、水気をきる。

2　なす、みょうが、青じその順に、塩をふりながら重ね、1.5kg程度の重石をのせる。水分が上がり、３～４日して全体が薄紫色に変色すればできあがり。その間、ときどき上下を返す。

3　保存容器に入れ替え、冷蔵庫で保存。少しずつ刻んで食べる。１か月くらいはおいしく食べられる。

きゅうりの佃煮

夏の保存食として重宝するのがきゅうりの佃煮。家庭菜園などで、きゅうりが大量に手に入ったときにはぜひ、お試しください。

きゅうりはいったん塩漬けにしてから水気をしぼり、しょうがや調味料を加えて煮詰めます。しっかり煮ても、パリッとした歯ざわり。しょうがの風味もよく、そうめん、冷や麦の副菜にぴったり！

歯応えがよく、味もしっかりついているから、ご飯のお供に最適。

旬の新鮮なきゅうりは、漬け物や佃煮にして、たくさん食べたい。

◆材料（作りやすい分量）

きゅうり…1kg
塩…20g（きゅうりの2％）
しょうが…1かけ（20g）
酢…80mℓ
しょうゆ…80mℓ
砂糖…50g

1 きゅうりは薄切りにして塩をふり、2kg程度の重石をのせて、一晩漬ける。

2 水分をしっかりしぼり、鍋に入れる。せん切りにしたしょうが、酢、しょうゆ、砂糖を入れて、混ぜながら煮詰めていく。

3 保存容器に移し、冷蔵庫で保存。2週間くらいはおいしく食べられる。

みょうがの甘酢漬け

夏の食卓には、すっきりした香りが口の中に広がる香味野菜が欠かせません。しょうが、にんにく、青じそ、小ねぎと並んでよく使うのがみょうがです。

みょうがは日陰の湿気が多い場所でよく育ち、地下茎で増えていきます。夏になると、根元から食べ頃のみょうががぽこぽこと顔を出しますが、実は、これは中に花のつぼみがある花穂なのです。

みょうがの特有の味と香りを長く楽しむためには、甘酢漬けにするのがおすすめ。ポイントはま

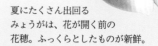

夏にたくさん出回るみょうがは、花が開く前の花穂。ふっくらとしたものが新鮮。

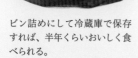

ビン詰めにして冷蔵庫で保存すれば、半年くらいおいしく食べられる。

3 2に砂糖と塩を加え、水を入れる。

4 菜箸でよく混ぜ、みょうがが全体に味をなじませる。しばらくすると、赤味を帯びてくる。

ず、みょうがをさっとゆでたら、すぐに酢を回しかけ、酸味を吸わせること。そこへ、砂糖と塩を入れ、水を加えると、みょうがはピンク色に染まります。

ご飯のお供やビールのおつまみ、焼き魚の付け合わせにもよく合い、縦半分に切って寿司飯とにぎったものも、さわやかな口当たりが楽しめます。

みょうがの甘酢漬けをにぎり寿司のネタに。歯ごたえがよく、さっぱりとした口当たり。

◆材料

みょうが…300ｇ
酢…大さじ５
砂糖…大さじ３と1/2
塩…大さじ1/2
水…100㎖

1 鍋にたっぷりの湯を沸かす。みょうがは洗って水気をきり、熱湯で30秒ほどゆでで、網じゃくしですくい、ボウルに入れる。

2 1が熱いうちに、酢を回し入れる。

長月
夏の疲れをいやす味

九月とはいえ、初旬はまだまだ気温が高く、台所に差し込む光も強いまま。しかし、八日を過ぎると二十四節気でいう「白露（はくろ）」に入り、朝晩は空気がひんやりしてきて、ぐっと過ごしやすくなってきます。

秋は何かと行事の多い季節です。まず、九月九日は「重陽（ちょうよう）の節句」。旧暦では菊の花が咲き誇る時季であるため、「菊の節句」とも呼ばれます。食用の菊花も店頭に並び、お吸い物や酢の物に入れて季節感を味わいます。香りのよい中国の菊花茶は、代謝を促す効果があるとか。お彼岸の頃と重なってある十五夜が「中秋の名月」。

夜空に浮かぶ月を愛でながら、お団子や里いもをお供えして、すすきを飾り、秋の収穫を祝います。

そうこうするうちに、辺りはすっかり秋めいてきて、木の実やきのこの季節になります。一番手は栗。栗は出回り期間が短いので、タイミングを逃さずに手に入れ、新鮮なうちにゆでたり、甘く煮たりしていただきます。さつまいもや里いももおいしくなり、栗とともにほくほくした食感が体にやさしく作用します。

山に自生するきのこもいろいろ。きのこご飯やきのこ汁にすれば旨味満点。また、フルーツ王国信州では、いろいろな種類のぶどうやプルーンも旬を迎えます。りんごも種類によっては出始め、果物の保存食作りががぜん忙しくなります。いちじくも旬ですが、こちらは生で食べたり、軽く煮てデザートにしたり。果物に含まれる果糖にも疲労回復に効果があると聞けば、秋の味覚は、夏の疲れをいやすためにもあることがよくわかります。

この季節にしか味わえない食材を使ったシンプルな取り合わせをじっくりと楽しんで

ほっこりした栗の食感がうれしいおこわご飯は、渋皮煮を使った素朴な秋の味覚です。夏の終わりに収穫したしその実は、佃煮にして保存しておき、食べ頃になった奈良漬けとともに、行楽弁当風に詰め合わせてみました。彩りが美しい菊花の吸い物と、いちじくに甘糀をかけたやさしい味のデザートを添えて。

お品書き

栗の渋皮煮おこわ
しその実の佃煮
菊花の吸い物
奈良漬け
いちじくの雑穀甘糀かけ

ほのかな渋みが
もちもちの食感と好相性

栗の渋皮煮おこわ

◆材料（４人分）

栗の渋皮煮* …10個
もち米…２合
水…150㎖

＊作り方はP70－71参照。

◆作り方

1 もち米は一晩水に浸けておき、水分をしっかりきる。鍋にもち米と分量の水を入れて火にかけ、木べらで鍋底から返すように混ぜながら、もち米に水分を吸わせる。
2 蒸し器に敷き布を敷き、1を広げて強火で15分蒸す。
3 栗の渋皮煮を２つに割って2に混ぜる。

甘辛い旨味がクセになる！

しその実の佃煮

◆材料（作りやすい分量）

しその実…50ｇ
油揚げ…１枚
細切り昆布…適量
酒、みりん…各大さじ1
しょうゆ…大さじ1/2

◆作り方

1 しその実を茎からはずし、油揚げは細切りにする。
2 鍋に1と昆布、酒、みりん、しょうゆを入れて、しその実に味がしみるまで煮る。

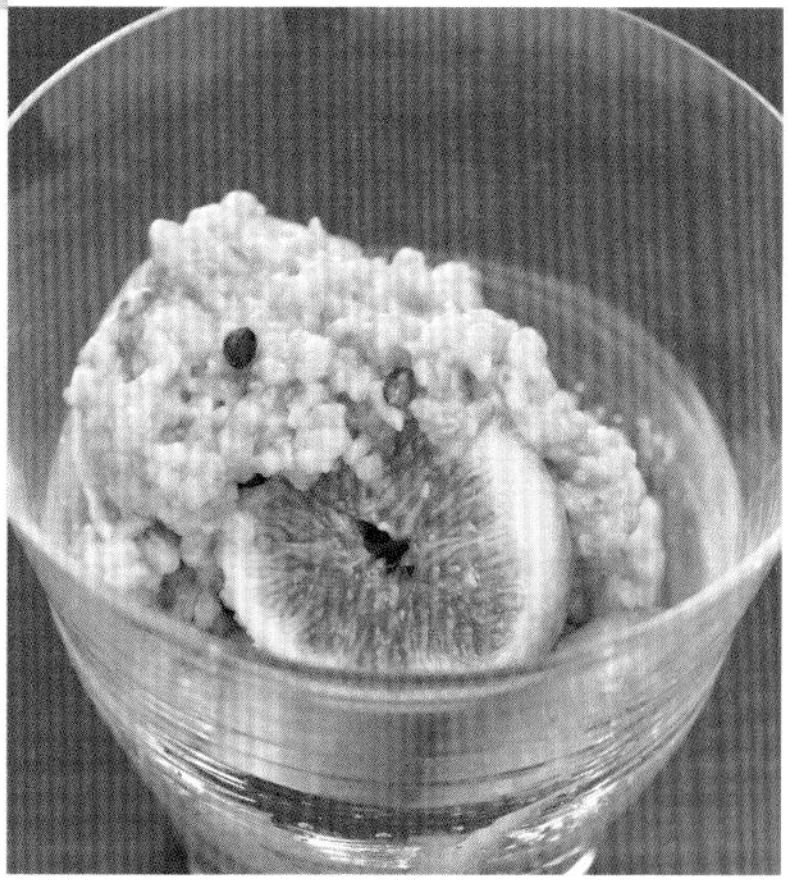

いちじくの雑穀甘糀かけ

旬のいちじくは熱湯にくぐらせ、皮をむいてデザートに。雑穀甘糀は、糀に六穀米を加えて発酵させたもの。

＊甘糀の作り方はP120参照。

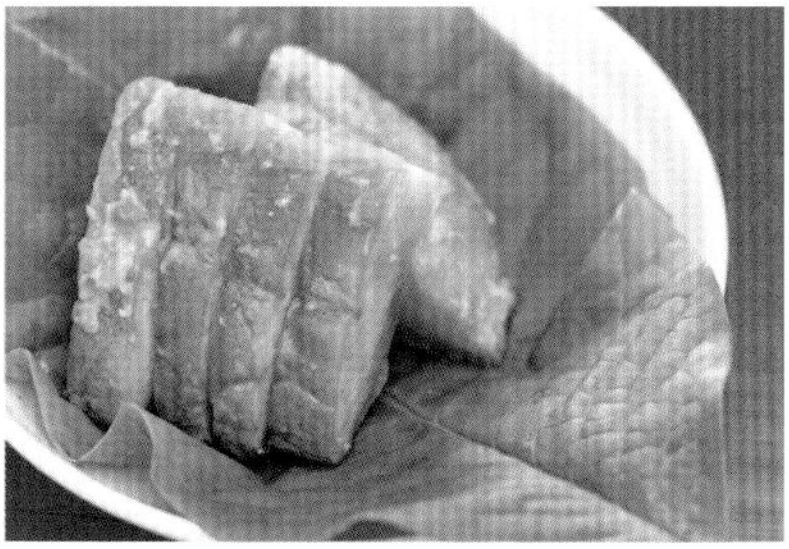

奈良漬け

白瓜を塩漬けにしてから、粕床に入れて寝かせた漬け物。新鮮なほど酒粕の香りが強く、日にちが経つほど瓜の色が濃くなって、香りもまろやかになる。

保存の仕事

栗の渋皮煮

はちみつの甘味が栗の渋皮にしみ込んで、口当たりのいいおいしさに。

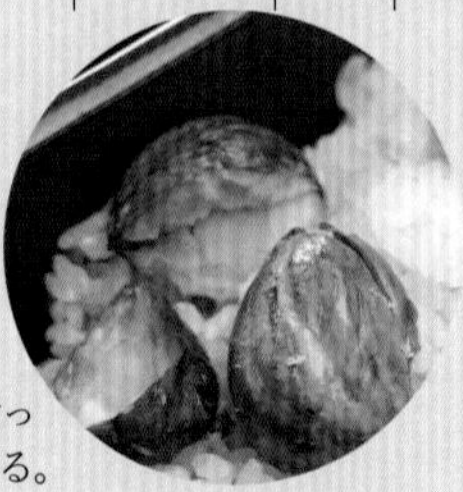

栗は、イガが落ちたらすぐに拾って取り出し、新鮮なうちにゆでる。

だいぶ前のことですが、千曲川近くにある栗の名産地、小布施町の栗農園の方に教わったのが、栗の渋皮煮です。栗は外側の硬い鬼皮と、実にへばりついている渋皮におおわれています。栗の甘露煮は、渋皮まできれいにむいて砂糖で煮ますが、渋皮煮はその名の通り、渋皮をつけたまま煮ます。鬼皮をむき、水を替えてアク抜きをする、という手間と時間はかかりますが、ほっこりと煮上がった栗のおいしさは格別です。

渋皮煮に適しているのは、大きくて重量感のある栗。ぷっくりと丸く、皮につやのあるものを選びましょう。地面から落ちて時間が経った栗は、虫がつきやすいので要注意。渋皮煮は、栗ご飯にしたり煮物に加えてもおいしく、保存も可能です。煮汁ごとビンに詰め、脱気しておくか、冷凍しておけば、お正月用にも使えます。

◆材料（作りやすい分量）

栗…1kg
水…適量
灰…大さじ5
塩…大さじ1/2
はちみつ…大さじ6

1 栗はぬるま湯に1時間ほど浸して、鬼皮をむく。このときお尻のほうに包丁を当て、皮を手前に引くようにするとむきやすい（写真左）。

2 1を鍋に入れて水を注ぎ、さらしの袋に入れた灰と塩を加える。弱めの中火で煮立たせないようにして、30分ほど煮る（写真下）。

3 栗をざるにあけ、鍋の水を替えて、2の作業を3回繰り返す。灰は毎回入れ、塩は1回目にだけ入れる。

4 3をざるにあけ、渋皮に残っている黒い筋を取る。鍋に新しい水1ℓとはちみつを加えて煮て、味を含ませる。火を止めて一晩そのままにしておく。

＊ビンに詰めて脱気（P30参照）すれば室内で1年間保存でき、保存袋に入れて冷凍保存すれば、半年は保存できる。

しその実のしょうゆ漬け

しその実のしょうゆ漬けを、大根とめかぶの和え物に混ぜて、塩気と香りをプラス。

しその葉の時期が終わると茎が伸びて、小さな花をぎっしりつけ、実になる。

すっきりした香りと特有の辛味が魅力のしそ。夏の終わり頃になると、とう立ちして、小さな花穂をいっぱいつけます。これを穂じそといい、やがて実がふくらんできます。このしその実をしょうゆ漬けにしてみましょう。作り方のポイントは、しその実をつけた茎を指先でこそぐようにして、実をはずすこと。これを水で洗って水気を拭き取り、しょうゆを加えるだけ。

ご飯にまぶしておにぎりに、和え物の香りづけに、と使い方いろいろ。さわやかな風味とプチプチした食感が加わります。しその実を乾燥したものは漢方薬にも使われるとか。健康にもよさそうですね。

しっかり蓋をして冷蔵庫で
保存。一年くらいもつ。

◆材料（作りやすい分量）
しその実…100g
しょうゆ…200㎖

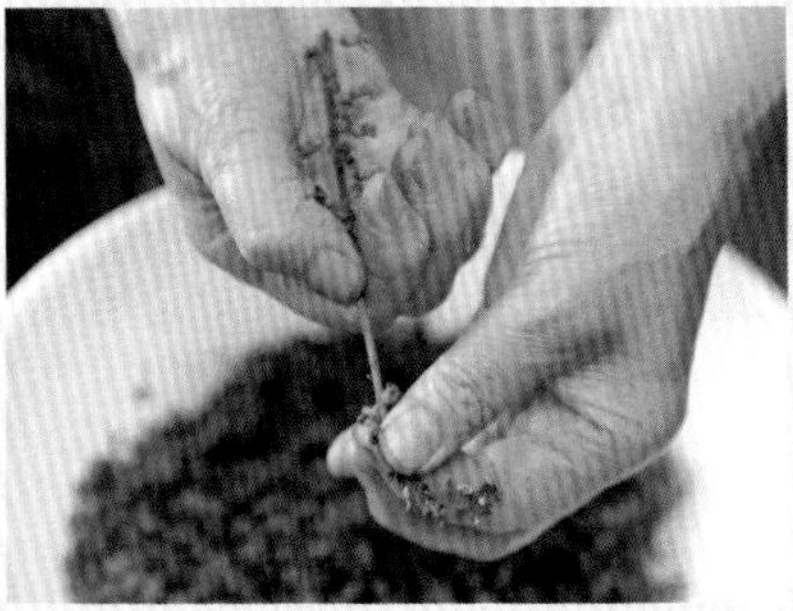

1 ボウルの上で、しその実を茎からはずす。上下を逆にして、指でしごくとはずれやすい。

2 1のボウルに水を入れ、しその実を洗い、ざるに上げる。

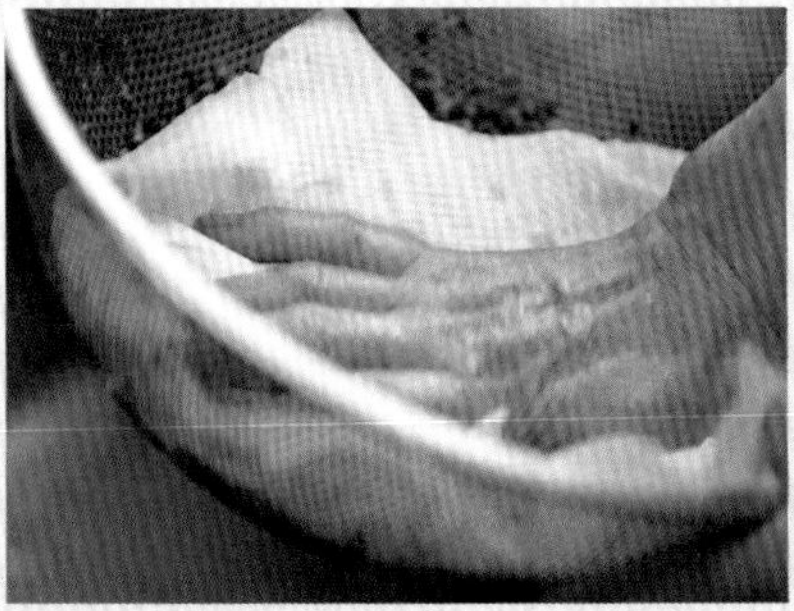

3 2をふきんで押すようにして水気をよく拭き取り、ボウルに戻す。

4 3にしょうゆを加えて混ぜ、清潔な保存ビンに移し入れる。

神無月
秋の実りを楽しむ

紅葉の季節になるといつも、「色とりどりの紅葉は、自然という神様からの贈り物」という思いを強くします。わが家の庭の山ぶどうや柿の葉も鮮やかに色づいて、土に戻る前の輝きを放っています。私はそんな落ち葉を拾い集めて、竹かごなどにふわっと盛り、部屋の隅や食卓に「吹き寄せ」の景色を作ります。自然の色は絵具では表せない美しさ。本当にほれぼれしてしまいます。

見上げると、透き通るような青空、さわやかな風。本格的な漬け物仕事にはまだ間があるせいか、十月は比較的のんびりと過ごせる時季でもあります。

農産物の地場産コーナーをのぞいてみると、いろいろな種類のきのこが山盛りになっています。朝晩は冷えてくる頃なので、じごぼう、くりたけ、なめこなど、里山に自生する「雑きのこ」をたっぷり入れたみそ汁や鍋料理で、体を温めましょう。

また十月といえば、長野県飯田市にある伊豆木（いずき）という地区のお祭りがあって、「鯖寿司」を神様に奉納する風習があります。鯖寿司に使う鯖は、塩をした一夜干しを酢で締めたもの。奉納するのは姿寿司ですが、家庭ではちらし寿司にします。新鮮な魚介が手に入らなかった信州では、このように一夜干しや塩漬けの魚介を上手に使い、それが郷土の味になっています。

庭の柿の実もだんだんと熟していき、信州名産のりんごはいろいろな種類が豊富に出回ります。こうして秋の実りをたっぷりと味わいながら、体力を温存し、来るべき冬に備えるのです。

里山の秋を彩る きのこや果物をたっぷりと 祭りにちなんだ鯖寿司も この時季に

色づいた葉を吹き寄せて、秋の味覚を目でも楽しむ食卓にしつらえました。鍋物の始まりは、出汁がおいしいきのこ鍋。くず粉でとろみをつけて、アツアツを！

伊豆木地方の郷土料理、鯖寿司は一夜干しを使った素朴な味。甘くて新鮮な柿とりんごは、酒粕で和えると、風味豊かな「乙な味」になります。

お品書き

きのこ鍋
鯖ちらし寿司
柿とりんごの酒粕和え

きのこの旨味満載
きのこ鍋

◆材料（３～４人分）
煮干し…20ｇ
水…１ℓ
えのき…200ｇ
生なめこ…200ｇ
焼き豆腐…１丁（250ｇ）
長ねぎ…１本
塩…小さじ1/2
薄口しょうゆ…大さじ３
くず粉…大さじ１と1/2

◆作り方
1 水に煮干しを入れて弱火にかけ出汁を取る。これを鍋に入れる。
2 えのきは根元を切り落とし、食べやすい長さに切る。焼き豆腐は８等分し、長ねぎは斜め切りにする。
3 えのきとなめこを1に入れて煮る。焼き豆腐を加えて塩と薄口しょうゆで味を調え、長ねぎを入れる。
4 くず粉を水大さじ2で溶き、3 に回し入れてとろみをつける。弱火にかけながら取り分けていただく。

一夜干しで手軽に作る
鯖ちらし寿司

◆材料（3～4人分）
塩鯖（一夜干し）…半身2枚
A［酢…80mℓ
　砂糖…大さじ3
赤かぶ…80g
ご飯…米2合分
B［酢…大さじ4
　砂糖…小さじ4
　塩…小さじ1

◆作り方
1 Aの酢と砂糖を混ぜた甘酢に、塩鯖を一晩浸しておく。鯖の薄皮をむき、一口大に切る。
2 赤かぶはせん切りにして軽く塩（分量外）を振り、水気をしぼる。
3 ご飯を炊き、Bを合わせて混ぜ、酢飯を作る。ここへ、1 と 2 を加えて混ぜ合わせる。

柿とりんごの酒粕和え

サイコロ状に切った柿とりんごを、砂糖を混ぜた酒粕で和えた、デザート感覚の一品。

保存の仕事

干し柿

柿の葉が紅葉して、一枚、二枚と落ち始めると、柿の実も次第に色づいてきます。柿色に熟したものから収穫し、竹かごいっぱいになったら干し柿作りの作業に移ります。家々の軒先に、ずらりと吊るされた柿は、晴れ渡った空の青さと見事なコントラストをなし、まさに里山の秋の風物詩です。

風通しのよい軒先の物干し竿などに
吊るし、3～4週間干す。縄からはずし、わらの中に入れておくと、白い粉を吹いておいしくなる。

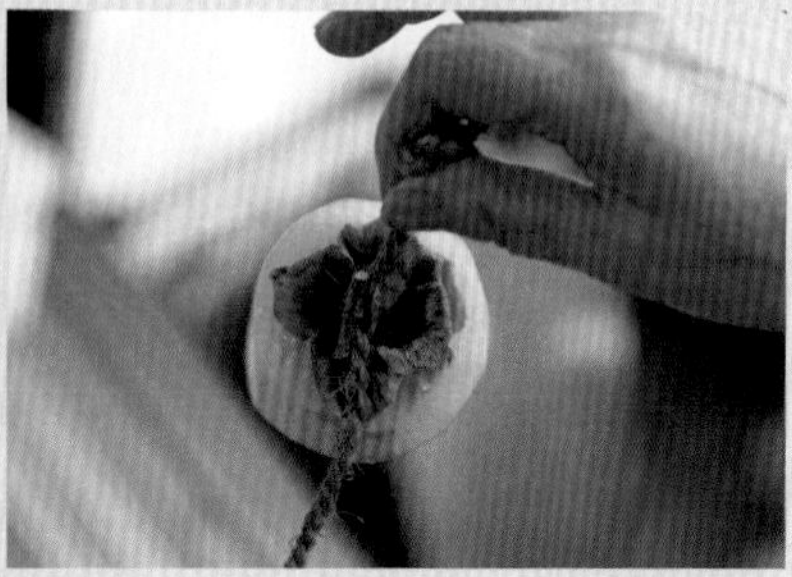

1 渋柿が熟したら枝を少しつけて収獲し、ヘタを残して皮をむく。（写真左）

2 縄（できればシュロ縄）を用意し、縄のより目を広げて柿の枝の根元を通す。約20㎝の間隔をあけて、１本の縄に10個くらいずつ通していく。（写真上）

作り方は、柿の皮をむいて吊るすだけ。あとは冷たい空気が熟した実をじっくりと乾かしてくれ、ねっとりとした歯ざわりと濃厚な甘みの、干し柿ができあがります。干す期間は三～四週間を目安に、手で触って弾力を感じるくらいになったら、縄からはずします。

もう一つ、柿を使った柿酢も紹介しましょう。熟した柿を容器に詰めて寝かせておくと、糖分の力で発酵し、天然の酸味と甘みがあるお酢ができます。

柿酢

熟した柿は汚れを洗って水分を拭き、ヘタを取る。ヘタのほうを下にして容器に詰め、密閉せずに和紙などでおおい、室内の比較的暖かい場所に置いておく。2～3日で液が出始め、1か月ほどでたっぷりになる。液が酸っぱくなり始めたら、濾して液だけをビンに詰めて保存。酢の物やドレッシングに、また炭酸で割ったり、はちみつを加えれば、さわやかなドリンクにも。

りんごのコンポート

信州の秋は、ぶどう、プルーン、りんご、梨、柿……とフルーツの宝庫。中でもりんごは全国二位の生産量を誇り、種類も豊富です。

りんごは生のままシャキシャキと食べるのがいちばんですが、たくさん手に入ったときはジャムにしたり、りんごのお菓子を作ったりにもします。小ぶりのりんごはリキュールにもします。ここでは、手軽に作れて保存もできるコンポートをご紹介しましょう。

シナモンの香りがふんわり漂う、りんごのデザート。皮ごと煮ると、煮汁がうっすらピンク色に。

りんごは人類が食した最古のフルーツとされ、欧米では「一日一個のりんごで医者いらず」「朝のりんごは金」といわれるほど、健康効果が知られています。そういえば、りんごを食べた日はお腹の調子がよく、一日を快適に過ごせそうな気がします。

10月はりんごの出盛り期。酸味と香りを生かし、ジャムやお菓子にアレンジしても美味。

◆材料
りんご…２個（300ｇ）
砂糖…50ｇ
水…300㎖
シナモンスティック…１本

脱気すれば、室温で半年ほど保存できる。すぐに食べる場合は、脱気せずに冷蔵庫で保存。

1 りんごは芯を取らずにそのまま、1.5㎝厚さの輪切りにして鍋に入れ、分量の水を加える。

2 1に砂糖を加え、中火にかけて煮る。

3 ぐつぐつと煮立ってきたらシナモンスティックを入れ、りんごに８割程度火が通るまで煮る。

4 3を保存ビンに汁ごと入れ、脱気する。

＊脱気の仕方は、P30を参照。

霜月
深まる秋の香り

十一月に入るとまもなく、暦の上では立冬を迎えます。紅葉していた山の景色にも少しずつ枯れ葉色がまじり、里にはひんやりとした風が吹いてきます。

十五日は七五三。三歳、五歳、七歳の節目に神社にお参りし、その年齢までを無事に過ごせたことに感謝しながら、これからの健(すこ)やかな成長を祈る儀式です。

私が育った地域では、十三歳になったお祝いに「十三参り」を行います。私は中学生になった孫娘に、バラの花を一三本、月桂樹に枝とともに束にして、エールのつもりで「勝利の花束よ」といって贈りました。

さて、十一月といえば全国の新米が出そろう時季。冬が来る前の、澄んだ空気が心地よいこの季節は、いっそうお米がおいしく感じられます。天日に干した「はざかけ米」を炊くと、お日様のいい匂いをいっぱいに含んだ湯気がふわっと立ち上り、幸せを感じます。

いい匂いといえば、焚火や炭火の煙混じりの匂いもそう。そんな秋の匂いを堪能できるのは、肉や野菜を朴葉にのせて焼く「朴葉焼き」です。庭にある朴の木は秋になると落葉しますが、すぐには拾わず、霜に当ててから集め、乾燥させます。これを濡らして使うと、火に当たっても葉が焼けないのです。

気がつけば、風の冷たさを頬に感じる晩秋です。そろそろ冬支度をしなくてはなりません。といっても私の場合は、主に漬け物仕事なのですが。信州の特産品、野沢菜も店頭に出てくる頃。野沢菜漬けのちょっと酸味のある味を思い出し、早く漬けたくなってきました。

11月

炭火の香りと煮物で温かな食卓に炊き立ての新米ご飯もごちそうです

温かい料理が恋しくなるこの季節。炭を入れた手あぶり火鉢の出番です。朴葉にみそを塗って肉や野菜を焼けば、みその風味がからまった香ばしい匂いが、辺り一面に漂います。里いもや大根もおいしくなる頃だから煮物にして、新米ご飯に合うおかずに。野沢菜の切り漬けとともにいただきます。

お品書き

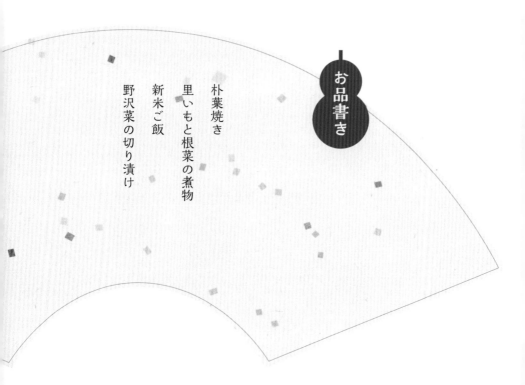

朴葉焼き
里いもと根菜の煮物
新米ご飯
野沢菜の切り漬け

炭火で焼くといっそう美味

朴葉焼き

◆材料（４人分）

鶏もも肉…１枚
原木しいたけ…５個
油揚げ…１枚
長ねぎ…１本
みそ…大さじ５
朴葉*…１枚

* 落葉した朴葉を霜に当て、乾燥させたもの。

◆作り方

1 鶏もも肉は一口大に切る。しいたけは細切りに、油揚げは短冊切りにし、長ねぎは斜め薄切りにする。
2 朴葉はぬるま湯に浸してやわらかくし、水分を拭き取る。葉の表面にみそを塗り広げ、1をのせる。
3 2を焼き網にのせて、炭火（またはコンロの火）で焼き、アツアツをいただく。

体が温まる根菜をたっぷり

里いもと根菜の煮物

◆材料

里いも…４個
大根…５㎝
にんじん…1/2本
生しいたけ…２枚
こんにゃく…1/3枚
出汁（煮干し）…１カップ
みりん…大さじ２
しょうゆ…大さじ３
塩…小さじ1/2
刻み昆布…35ｇ

◆作り方

1 里いもは蒸して皮をむき、一口大に切る。こんにゃくは一口大に切って下ゆでする。大根、にんじんは乱切りにし、しいたけは４つに切る。
2 水適量に煮干し、刻み昆布各少々を加えて沸かし、出汁を取る。鍋に出汁と 1 を入れて火を通し、みりん、しょうゆ、塩、刻み昆布を加え、材料に味がしみるまで煮る。

新米ご飯

新米は水分を多く含むので、水加減は控えめにして炊く。これは土鍋で炊いたご飯。

保存の仕事
野沢菜の切り漬け

しょうゆや酢、砂糖などの調味料を加えて作る野沢菜の切り漬け。とき漬けともいう。

長野県野沢温泉村で栽培される野沢菜。本格的な漬け物作りは、12月の頭から行われる。

十一月になると信州では、野沢菜の収穫が始まります。野沢菜は正確には、長野県北部の野沢温泉村で栽培される葉野菜。通称「お菜っぱ」といい、野沢菜漬けを「お葉漬け」とも呼んでいます。同じような漬け物にする菜っぱに、稲こき菜、はびろ菜、源助蕪（かぶ）菜などがあり、いずれも長野県の伝統野菜に指定されています。

本格的な漬け物にするのは、一度霜に当てたほうがおいしいので、十二月の頭からですが、それまでは「切り漬け」という簡単な方法で漬け、新鮮な菜っぱの味を楽しみます。切り漬けは「とき漬け」ともいい、野沢菜を食べやすい長さに切って調味料を加えて作る簡単漬けです。

本格的な野沢菜漬けは、日にちが経つほど黄色みを帯び、独特の酸味が出てきます。低温でゆっくり発酵した漬け物は、信州の冬の食卓には欠かせないものです。

◆**材料（作りやすい分量）**
野沢菜…２kg
塩…20g
（野沢菜の重さの１％）
A
しょうゆ…100mℓ
みりん…50mℓ
酢…40mℓ
砂糖…30ｇ
赤唐辛子…１本

1 野沢菜はきれいに洗い、根元に十字の切り込みを入れる。

2 1を３cm長さに切る。

3 全体に塩をふってもみ込み、容器に入れて、３kg程度の重石をし、一晩おく。

4 翌日、種を取って小口切りにした赤唐辛子とAの調味料を加え、重石をしてさらに一晩おき、味をなじませる。次の日から食べられる。

本格漬け

塩水で下漬けしたあと、樽に漬け込む野沢菜の本格漬け。漬け上がったら食べやすい長さに切りそろえ、きれいに盛る。１枚の葉を広げてかぶせておくと、水分が飛ばない。

手作りラー油

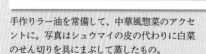

手作りラー油を常備して、中華風惣菜のアクセントに。写真はシュウマイの皮の代わりに白菜のせん切りを具にまぶして蒸したもの。

ごま油をベースに香味野菜や香辛料を効かせ、風味豊かなラー油に。

食欲の秋。そろそろ温かい鍋料理や蒸し料理が食べたくなる頃です。ポン酢やごまだれを添えてもいいけれど、ピリッと辛くて風味のよいラー油を数滴たらせば、お肉も野菜もさらにおいしくいただけます。というわけで、ラー油を手作りしてみませんか？

材料は、しょうがや長ねぎといった香味野菜と、香辛料の陳皮（ちんぴ）、シナモン、赤唐辛子、八角。これらをごま油でぐつぐつと煮て、一晩寝かせてから濾（こ）します。

ラー油の材料は、薬効のあるものばかりですから、健康効果が期待できそう。市販のラー油とは一味違った豊かな風味が口いっぱいに広がります。

◆材料（作りやすい分量）

A
- しょうがの薄切り…60ｇ
- 長ねぎのぶつ切り…１本分
- 陳皮*…３切れ
- シナモンスティック…１本
- 八角…１個

赤唐辛子…12本（10ｇ）
ごま油…300㎖

＊みかんの皮を乾燥させたもの。

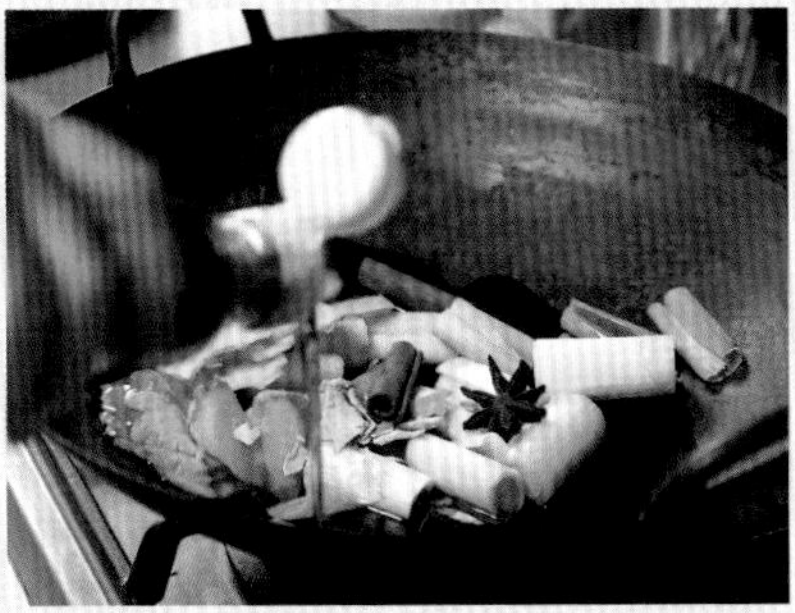

1 冷たい鉄鍋（中華鍋またはフライパン）にAの材料を入れ、ごま油を加える。中火にかけてゆっくり煮ると、ぷくぷくと泡が出てくる。

2 泡が小さくなるまで煮たら、最後に赤唐辛子を入れ、少し煮て火を止める。このまま一晩寝かせる。

3 ボウルに布をかけてクリップなどで留め、2を注いで濾す。小ビンに移し、赤唐辛子も数本入れる。室温で1年くらい保存できる。

師走
健康食で心豊かに

一年の終わりの月、師走は何かと忙しい時季です。お歳暮の準備をしながら、あそこもここもと、気になっていた場所を片付けたり、ほこりを払ったり。大掃除は大変だから、少しずつやっておこうと思うのです。

師走の行事といえば、冬至があります。冬至は昼の長さが最も短く、夜の長さが最も長い日。この日を境に陽(ひ)の落ちる時間は少しずつ遅くなりますが、寒さは増していきます。そこで、冬至には柚子(ゆず)湯に入って体を温め、かぼちゃを食べて体力をつける、というわけです。

年末に近づくと、暮れのごあいさつやお節の材料の買

い出しなどで、いっそうあわただしくなります。わが家のクリスマスはごくシンプルに、手作りのリースを飾り、ちょっとしたご馳走をいただきます。リースはわらを三つ編みにして輪を作り、庭の落ち葉や南天の実を挿したもの。和風の部屋の雰囲気によく合っています。

わらは、昔から筵（むしろ）や卵などを包む藁苞（わらづと）など、生活用具として利用されてきました。私もそれにならい、農家から一束もらってきて、いろいろなものに使います。

いよいよ年末になれば、お節料理を作り始めます。やはり、お正月の三が日は、家族でお節をいただきたいもの。そうして、お正月のしつらいを終えた大晦日は、年越しそばをいただき、暖を取りながらくつろいでいると、除夜の鐘が聴こえてきます。百八つの鐘の音は、人の煩悩（ぼんのう）を一つずつ取り払ってくれるそう。苦労や悩みはさらりと流し、まっさらな心で新年を迎えたら、また精いっぱいがんばろうと思うのです。

12月

滋養のあるお肉と旬の野菜で体を温めあわただしい年末に備えます

年の瀬のせわしないときだからこそ、ときにはゆったり食事をとりたいもの。牛肉のみそ焼きには焼き野菜を添えて、香ばしさを楽しみます。冬至にちなんだかぼちゃと柚子の煮物、りんごのしょうが煮など、体の温まるものを食べて、疲れを吹き飛ばしましょう。さっぱりした千枚漬けには柚子をはさんで風味よく。

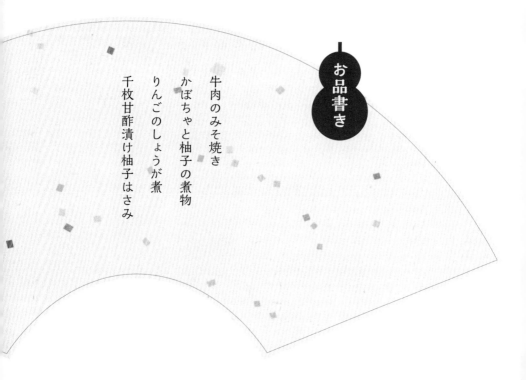

お品書き

牛肉のみそ焼き
かぼちゃと柚子の煮物
りんごのしょうが煮
千枚甘酢漬け柚子はさみ

肉の旨味とみそのコクが好相性

牛肉のみそ焼き

◆材料（3人分）

牛ステーキ用肉…250g
みそ…大さじ2
かぶ…100g
長ねぎ…1本
菜種油…大さじ1

◆作り方

1 牛肉の表面にみそをすり込み、一晩おく。
2 かぶは5㎜厚さに切り、長ねぎは斜めに切り込みを入れて3～4㎝長さに切る。
3 フライパンに菜種油をなじませ、1の両面を焼き、横で2もいっしょに焼く。

かぼちゃと柚子の煮物

かぼちゃに柚子の酸味と風味をからめた煮物。かぼちゃを水から煮て、柚子のスライスとはちみつを加えて煮詰める。

りんごのしょうが煮

りんごとしょうがをりんごジュースで煮た、甘味と酸味、辛味の調和が楽しめる一品。しょうがパワーで体が温まり、免疫力もアップ！

りんご１個を一口大に切り、スライスしょうが50gを加えて、りんごジュース600mℓでコトコト煮る。

保存の仕事

千枚甘酢漬け

細切りにした柚子の皮をはさむと、香りのよい上品な千枚漬けに。

◆材料（作りやすい分量）
聖護院大根…１個（約１kg）
塩…20g
（聖護院大根の重さの２％）
甘酢
　酢150㎖、水200㎖、
　砂糖大さじ７、塩大さじ１
昆布…７×７cm２枚
赤唐辛子…２本

聖護院（しょうごいん）かぶらで作る千枚漬けは、京都の代表的な漬け物ですが、ここでは、手軽に作れるようにアレンジしました。聖護院大根を使い、薄くスライスして塩でしんなりさせ、甘酢に漬ける方法です。これなら一時間後くらいから食べられるし、一日おくと味がなじんでさらにおいしくなります。聖護院大根が手に入らなければ、普通の大根やかぶで作りましょう。

また、この季節におすすめなのが柚子。柚子は比較的暖かい地方で育つものですが、長野県でも最南端の天龍村というところで、小ぶりの柚子がとれます。その辺りが北限なのでしょう。柚子は香りのよい柑橘類。果汁はポン酢にして鍋物や和え物に、皮も刻んだりすり下ろしたりして使います。

この柚子の皮を千枚甘酢漬けにはさんで、二つ折りにして盛ってみました。さわやかな香りが心身をリラックスさせてくれます。

1 聖護院大根は幅の広いスライサー（写真左）を使って、ごく薄い輪切りにする。分量の塩をふり、重石をして30分ほどおき、水気をきる。

2 甘酢を作って 1 にかけ、大根を1枚ずつ広げて重ね、上下を昆布ではさむ。赤唐辛子をのせて、漬け込む。

大根で作る千枚甘酢漬け

大根をスライサーで薄切りにし、ボウルに入れて大根の重さの２％の塩をふる。大根と同量程度の重石をかけ、しんなりさせる。これを甘酢に漬けて、1時間以上おく。

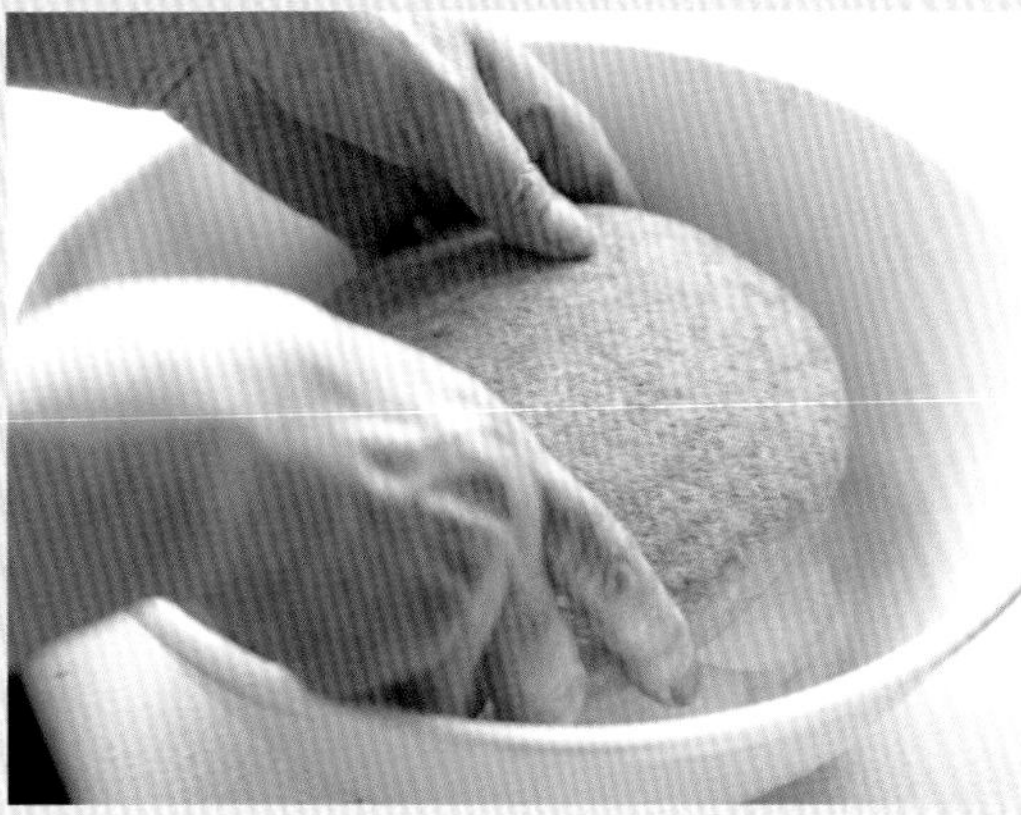

いくらのしょうゆ漬け

いくらは鮭の卵である筋子をバラバラにほぐしたもの。生の筋子の旬は秋ですが、通常、塩漬けにして売られています。これを水に浸けながら指先で筋（卵巣膜）から卵をはずし、しょうゆと酒で漬け込みます。

いくらの醤油漬けは酒の肴に最適。長いもなどの野菜と合わせると、さっぱりした口当たりに。

鮭の魚卵、筋子の卵を包む薄い膜を取り除いたものがいくら。

◆材料

筋子…１腹（約300ｇ）
薄口しょうゆ…100mℓ
酒…50mℓ

1 筋子は水に浸けたまま、親指の腹で卵のかたまりをほぐしながらはずしていく。膜に付いている卵はしごいてはずす。

2 筋や膜を取り除き、はずした卵をざるに上げ、水気をきる。ボウルに入れ、しょうゆと酒を加えて一晩以上漬け込む。

ビンに入れて冷蔵庫へ。２週間くらいは保存可能。12月下旬に作っておけば、お正月用にもできる。

越冬野菜

冬用の野菜を保存する方法として、漬け物のほかに、越冬野菜と呼ばれるものがあります。野菜は暖かい場所に置いておくとしなびたり、傷んで黒ずんできたりします。そこで、野菜を新聞紙に包んだり、土に埋めたりすることで、空気に触れないようにして水分の蒸発を防ぎ、冬を越させるのです。すると、野菜は自らの糖分をため込み、甘味を増します。また、越冬野菜は夏に種をまき、太陽の光を取り込みながら成長したものなので、冬に食べると体を温めてくれます。

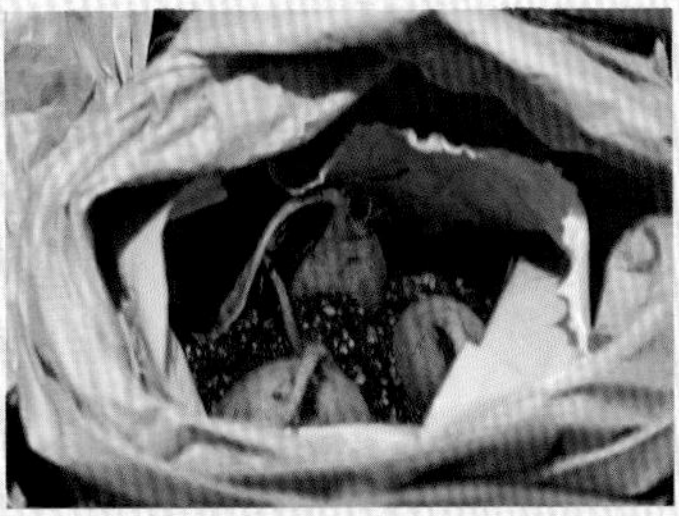

大根やにんじんは、葉を切り落とし、米袋などに入れた土に頭から挿して保存。こうすると水分が抜けず、鮮度が保たれる。

白菜や大根は納屋の中で保存。零下になると凍ってしまうので、0～5℃くらいで、寒風が直接当たらない場所がよい。

白菜は根元を少し平らに切り落とし、1個ずつ新聞紙で包み、立てて保存。適度な冷気の中で保存することで甘味が増し、春までおいしく食べられる。

睦月
初春を寿ぐお節

初春、新春、迎春……と、お正月の呼び名に「春」がつくのは、二月初めの立春を年始とした、旧暦の名残でしょうか。年が明けても、私の住む信州の春ははるかに遠く、小寒、大寒と厳しい寒さが続きます。とはいえ、これから新しい一年が始まるかと思うと、寒さを忘れて、今年やりたいことに思いをめぐらせる私です。

お正月にお節料理が欠かせないのは、「一年を健康にすごせますように」という願いが、一つひとつの料理に込められているから。子孫繁栄、長寿、無病息災、豊作

などの意味をもたせたお節をいただくと、厄が払えて、よい一年になりそうな気がします。
わが家のお節は、黒豆や紅白なますなど、定番の品を一つ二つ作ったら、あとはオリジナル料理の詰め合わせ。毎年、作ったお節を「お正月のごちそうノート」に書きためているので、その中から選んで組み合わせたり、変化をつけたりして、メニュー決めを楽しんでいます。
私の育った長野県大町あたりでは大きな鰤(ぶり)を一本買って年越しからお正月まで食べる、という習慣がありました。新鮮な刺身は年末のうちに食べ、お正月には照り焼きや塩焼きに。アラは汁物にしたり、雑煮の出汁にしたりと、捨てるところはありません。
お歳暮の贈答品として使われていたのが、塩じゃけ。新巻じゃけを一尾ごといただくと、身は焼いたり、鍋にしたり、なますにしたり。頭を粕汁にするのも、体の温まる冬のごちそうです。

1月

身近な食材を生かし
彩りよくアレンジ
わが家の味で祝います

お屠蘇（とそ）で無病息災を祈願したあとは、お雑煮とお節で新年を祝います。お雑煮は、出汁を含ませた寒干し大根を加えたもの。黒豆は青竹の器に入れて、「まめまめと」と書いた熨斗（のし）をかぶせます。小さなお節は、羽子板形の木皿に盛り替えていただきます。つまみやすいように、一口大に切ったり、串に刺すのも心配りです。

お品書き

寒干し大根入り雑煮
塩丸いかの紅白なます詰め
焼き柚子釜
牛肉と油揚げのみそ漬け巻き
赤大根の酒粕漬け
干し柿のみそ漬け
りんご、銀杏、柚餅子（ゆべし）の串刺し
黒豆

だしを含んだ大根で一味おいしく

寒干し大根入り雑煮

◆材料（４人分）

干ししいたけ…４枚
寒干し大根…４枚
青菜…２株
鶏肉…４切れ
にんじんの薄切り…適量
切り餅…４個
煮干し…16g
出汁（干ししいたけの戻し汁と合わせて）…４カップ
A［塩…小さじ1/2
　 薄口しょうゆ…大さじ1

◆作り方

1 干ししいたけは一晩水に浸けて戻し、寒干し大根はぬるま湯で戻す。
2 青菜はさっとゆでて食べやすく切る。
3 干ししいたけの戻し汁と水を合わせて4カップを鍋に入れ、煮干しを加えて煮立てる。1と鶏肉、にんじんを入れて味がしみるまで煮たら、Aで味を調える。
4 切り餅を焼いて、3とともに器に盛り、青菜を添える。

信州名産、いかの塩漬けを使って

塩丸いかの紅白なます詰め

◆材料（いか１杯分）

塩丸いか（いかの塩漬け）…１杯
大根とにんじんのなます…適量
甘酢*…適量

＊水100mℓ、酢75mℓ、砂糖大さじ3、塩大さじ1/2を混ぜて作る。

◆作り方

1 塩丸いかは半日くらい水に浸けて、塩分を抜く。
2 大根とにんじんはせん切りにし、塩少々をふってしんなりさせ、ボウルに合わせる。甘酢をかけて30分ほどおく。
3 2をいかの腹に詰め、バットにのせて甘酢をかけ、一晩おいて味をなじませる。

祝い酒のつまみに最適

牛肉と油揚げのみそ漬け巻き

牛肉にみそをもみ込み、一晩おく。油揚げは開いて表面にみそを塗る。油揚げに牛肉をのせて巻き、楊枝で留めて半分に切る。少々の油で焼き、香ばしく仕上げる。

柚子の香り漂う

焼き柚子釜

柚子の上部を切って中をくりぬく。長ねぎのみじん切りにみそと砂糖を混ぜたものを、柚子に詰め、少し焦げ目がつくまで焼く。

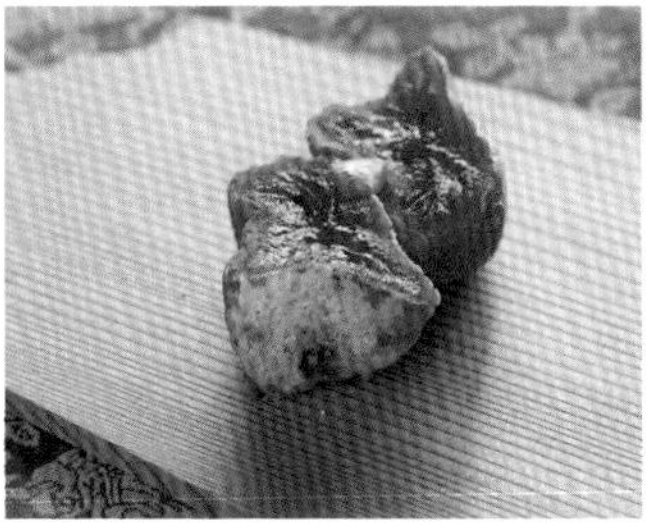

梅花に見立てて

赤大根の酒粕漬け

赤大根は1㎝幅に切り、酒粕に2～3日浸けて梅花の型でぬく。松葉を敷くと正月らしい。

柿の甘味に風味をプラス

干し柿のみそ漬け

干し柿は丸ごとみそに入れ、1週間くらいおいて風味とコクをつける。これを食べやすく切って盛る。

保存の仕事

寒干し大根

信州では、厳しい寒さを利用したいろいろな保存食が工夫され、食卓をにぎわせてきました。輪切りの大根や切り餅をひもでつなげて、ずらりと軒先に吊るし、寒風にさらして乾燥させている風景は、信州の冬の風物詩です。

乾燥させた大根は「凍み大根」、餅は「凍り餅」と呼ばれ、豆腐を凍らせた「凍み豆腐」もあります。「凍み」というのは、文字通り、凍らせること。夜、零度以下で凍った水分が日中の暖かさで溶け、また凍ったり乾いたりを繰り返すことで、独特の食感と味をもった保存食になります。

大根の水分がすっかり抜けたら、箸からはずして保存。煮物にすると、甘味と歯ごたえのあるおいしさに。

全国的に見ると、大根が凍るほど気温が下がらない地域も多いので、ここでは、輪切りの大根をゆでて冷たい空気にさらし、しわしわになるまで乾燥させる、寒干し大根をご紹介します。

寒干し大根は、一月の小寒から大寒の間に作るのがよく、輪切りにした大根を硬めにゆでて、菜箸などに通し、軒先やベランダに吊るしておきます。

三～四週間干して、完全に乾いたら、菜箸からはずし、袋などに入れて保存。これを戻して出汁で煮ると、独特の甘味がふわっと広がる、生の大根とはまた一味違うおいしさの大根料理が楽しめます。

1 大根の皮をむき、1cm幅くらいの輪切りにし、箸がやっと通るくらいの硬さにゆでる。

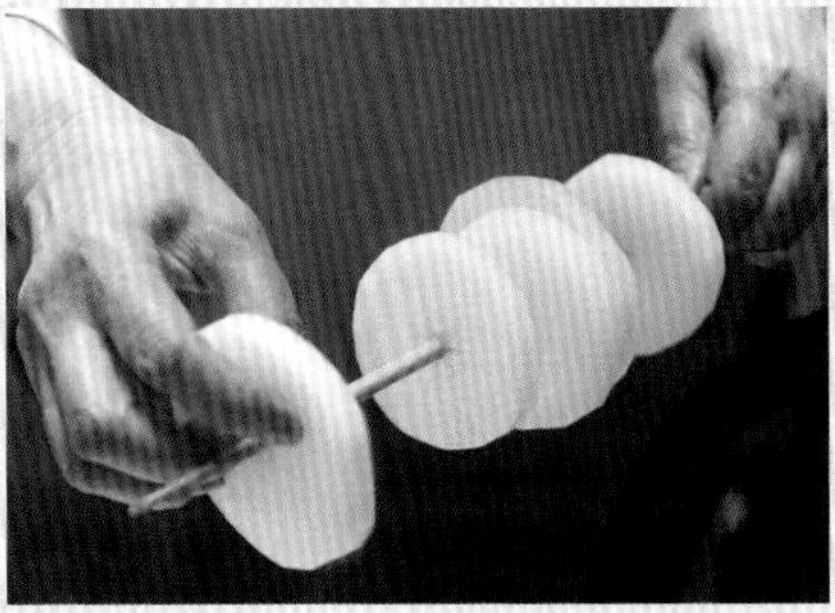

2 大根の中心に長めの菜箸で穴を空けながら、7～8枚ずつ通していく。

3 洗濯ハンガーなどを利用して2を吊るし、軒先など風通しのよいところに干して、乾燥させる。

大根のつぼ漬け

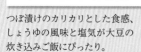

つぼ漬けのカリカリとした食感、
しょうゆの風味と塩気が大豆の
炊き込みご飯にぴったり。

左は漬けてまもない頃、右は一年ほど経ったつぼ漬け。色が濃くなって、まろやかな風味に。

輪切りの寒干し大根よりもっと手軽にできるのが、いちょう切りにして乾燥させる方法。天気のよい日にこれをざるに広げて干すと、冷たくて乾燥した空気が、一～三日でカラカラにしてくれます。これをしょうゆベースの調味液に漬けると、カリカリした歯ごたえのつぼ漬けに。つぼ漬けは、昔、野菜などを壺に入れて塩をし、ぎゅっと押して漬け物にしたことから、こう呼ばれています。

大根をいちょう切りにするときは、皮つきのまま大根を縦に四等分してから、薄く切っていきます。乾きやすくするには、一度塩をもみ込み、重石をかけて水分を抜くのがコツです。これをざるに広げて日当たりの良い場所に出しておきます。大根がよく乾いたら保存容器に移し、調味液を入れて混ぜ、冷蔵庫で保存します。冷蔵庫で一年以上保存でき、時間が経つにつれてだんだん味がなじんで色も濃くなり、箸の止まらないおいしさに！

◆材料（作りやすい分量）
大根…500ｇ
塩…10g
（大根の重さの２％）
A
しょうゆ…50㎖
みりん…30㎖
砂糖…大さじ１
赤唐辛子の小口切り…１本分

1 大根は皮つきのまま、薄いいちょう切りにする。大根の分量は、1/2本（約500ｇ）くらいが一度に作りやすい。

2 1を大きめのボウルに入れ、分量の塩をふりかける。全体に塩が回るようにもみ込む。

3 2に１kgくらいの重石をのせて、一晩おく。大根から出た水を捨て、水気をよくきる。

4 3をざるに広げ、天気のよい日中に半日以上干し、よく乾燥させる。保存容器に入れて、Aを加えて混ぜ、冷蔵庫で保存する。

如月
福を呼ぶ温もり鍋

二月に入るとすぐに節分、そして立春。節分といえば豆まきです。豆まきはもともと、古代中国で行われていた、邪気や疫病を払うための儀式だったそうです。

豆まきに使う大豆は、秋に収穫したものが冬にはすっかり乾燥して、食べ頃になっています。煎(い)って食べるほか、煮物にしたり、ゆでてオイル漬けや酢漬けにしたり、ご飯に混ぜたりと、応用範囲の広い食材です。

高品質の大豆がとれる信州は、大豆で作る豆腐や油揚げもおいしく、毎日の食事にふんだんに取り入れます。もちろん、みそづくりにも欠かせません。新鮮な魚が手

に入らなかった信州では、昔から大豆を大切なたんぱく源として利用してきました。
さて、立春といっても、信州は二月がいちばん寒く、こたつから出たくありません。こたつで温まりながら漬け物をいただくのが、何より幸せなひととき。十一月に仕込んだ野沢菜もたくあんも、冷気でシャキシャキッと歯ごたえよく漬かっています。外の小屋に置いてある漬け物樽には氷が張っていて、取り出すのに一苦労ですが、熱いお茶との相性は抜群。いくらでも食べられます。
こたつで鍋を囲むのもいいですね。アツアツの鍋をいただくと、体の芯からポッカポカに温まります。そういうわけで、「大根すいとん鍋」を作ってみました。越冬大根をピーラーで細長くスライスし、青菜や油揚げ、鶏肉といっしょにクツクツ煮ます。そこへ、小麦粉と大根おろしを混ぜたすいとんを加えます。ビタミンCが豊富な大根をたっぷり食べて、風邪を予防しましょう。

寒い季節のご馳走です 越冬野菜をふんだんに 鍋にもサラダにも

旧正月のお祝いに豊作を祈願する「まゆ玉」を飾り、豆まきの豆やおたふくの面を並べて、福を呼びます。メインは越冬して甘くなった大根をたっぷり使った、すいとん鍋。サラダの赤大根や紫白菜も外の小屋で保存しておいたもの。さわやかな歯ざわりです。箸休めに、ゆで大豆とたくあんの酢の物を添えました。

お品書き

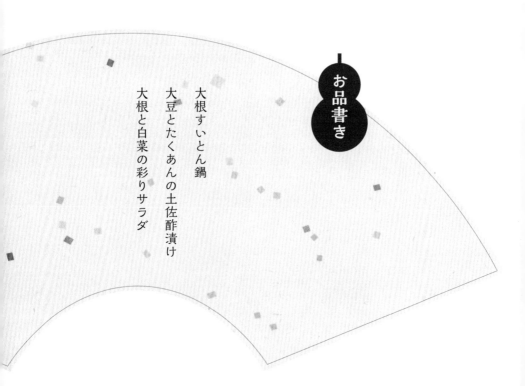

大根すいとん鍋
大豆とたくあんの土佐酢漬け
大根と白菜の彩りサラダ

立春大吉

越冬大根の甘味が体にやさしい

大根すいとん鍋

◆材料（4人分）

大根…1/2本
油揚げ…3枚
青菜（うぐいす菜）…1束
地鶏もも肉…1枚
水…6カップ
煮干し…25g
塩…小さじ1/3
薄口しょうゆ…大さじ2
すいとん
　大根…200g
　小麦粉…200g

◆作り方

1 水に煮干しを入れて煮立て、出汁を取り、塩と薄口しょうゆで味を調える。
2 大根はピーラーでひも状にスライスし、油揚げは熱湯でゆでて短冊に切る。青菜は食べやすい長さに切り、鶏肉は一口大に切る。
3 すいとん用の大根をすりおろし、小麦粉を加えて練る。
4 土鍋に1と2を入れて火にかけ、沸騰したら3を一口大ずつ加えながら煮る。

簡単ドレッシングでさっぱりと

大根と白菜の彩りサラダ

◆材料（作りやすい分量）

紫白菜、白菜…各３枚
フリルレタス…２枚
紫大根、赤大根…各10cm
黄色にんじん…1/2本
ドレッシング
　菜種油、薄口しょうゆ、酢
　…各大さじ２
黒粗びきこしょう…少々

◆作り方

1 白菜類は大きめのざく切りにし、フリルレタスは食べやすくちぎる。大根類と黄色にんじんは、いちょう切りか薄い短冊切りにする。
2 1をボウルに合わせ、ドレッシングの材料をかけて混ぜる。
3 器に盛り、好みで黒粗びきこしょうをふる。

箸休めに、ご飯のお供に

大豆とたくあんの土佐酢漬け

◆材料（作りやすい分量）

たくあん…1/2本
ゆで大豆…200ｇ
土佐酢
　水…50㎖
　かつお節…10ｇ
　しょうゆ、酢、みりん…各50㎖

◆作り方

1 たくあんは大豆の大きさに合わせて角切りにし、ゆで大豆と合わせる。
2 土佐酢は水にかつお節を加え、しょうゆ、酢、みりんを加えて作る。これに1を入れ、一晩漬け込む。

保存の仕事

甘糀・しょうゆ糀

甘糀もしょうゆ糀も、米糀を使用。糀は米などの穀物に種菌を植え付け、微生物を繁殖させたもの。

糀（麹）は、米や麦などに日本にしか生息しない糀菌を植え付け、繁殖させたもの。糀は日本の伝統食品である、しょうゆやみそ、お酒の原料としてもおなじみです。

糀は、発酵することで酵母菌による酵素が増し、まろやかな甘みと風味を醸します。こうした糀の特徴を生かして、簡単にできる甘糀（甘酒）と、しょうゆ糀を作ってみましょう。甘糀は、糀と水を炊飯器に入れて、二時間ほど保温するだけ。しょうゆ糀は、糀に同量のしょうゆを加えて混ぜ、三日〜一週間、室内に置いておけばできあがりです。

糀は疲労回復や美肌作りに役立つほか、酵素の働きで腸内環境をよくします。寒い冬を乗り切るのにぴったりですね！

甘糀

◆**材料（作りやすい分量）**
糀…300g
水…500㎖

1 糀は手でもむようにしてパラパラにほぐし、炊飯器にセットする。

2 分量の水を注ぎ、保温スイッチを入れて２時間、そのまま温度を保ち、発酵させる。

3 とろっとして甘い甘糀のできあがり。冷めたら保存容器に移し、冷蔵庫へ。１週間ほど保存できる。

花豆と甘糀のスイーツ

甘糀と花豆煮を合わせて、和スイーツに。花豆は塩水に一晩浸けて戻し、やわらかく煮たもの。砂糖を加えて甘く煮てもよい。

さんまのしょうゆ糀はさみ焼

しょうゆ糀は、魚の臭みを消し、風味と塩気をつけるのに最適。

◆材料と作り方（２人分）
さんま２尾は３枚におろし、身の内側にしょうゆ糀適量を塗る。半分に折ってつま楊枝で留め、200度のオーブンで12分焼く。

しょうゆ糀

◆材料(作りやすい分量)
糀…200ｇ
しょうゆ…200mℓ

1 パラパラにほぐした糀をビンなどの容器に入れ、しょうゆを注ぎ入れる。

2 スプーンで大きくかき混ぜ、しょうゆを全体にしみ込ませる。3日～1週間常温に置き、1日に1～2回かき混ぜて発酵させる。

3 糀がしょうゆ色に染まり、ほどよく発酵したら冷蔵庫へ。１年くらい保存できる。

白菜のぬか漬け

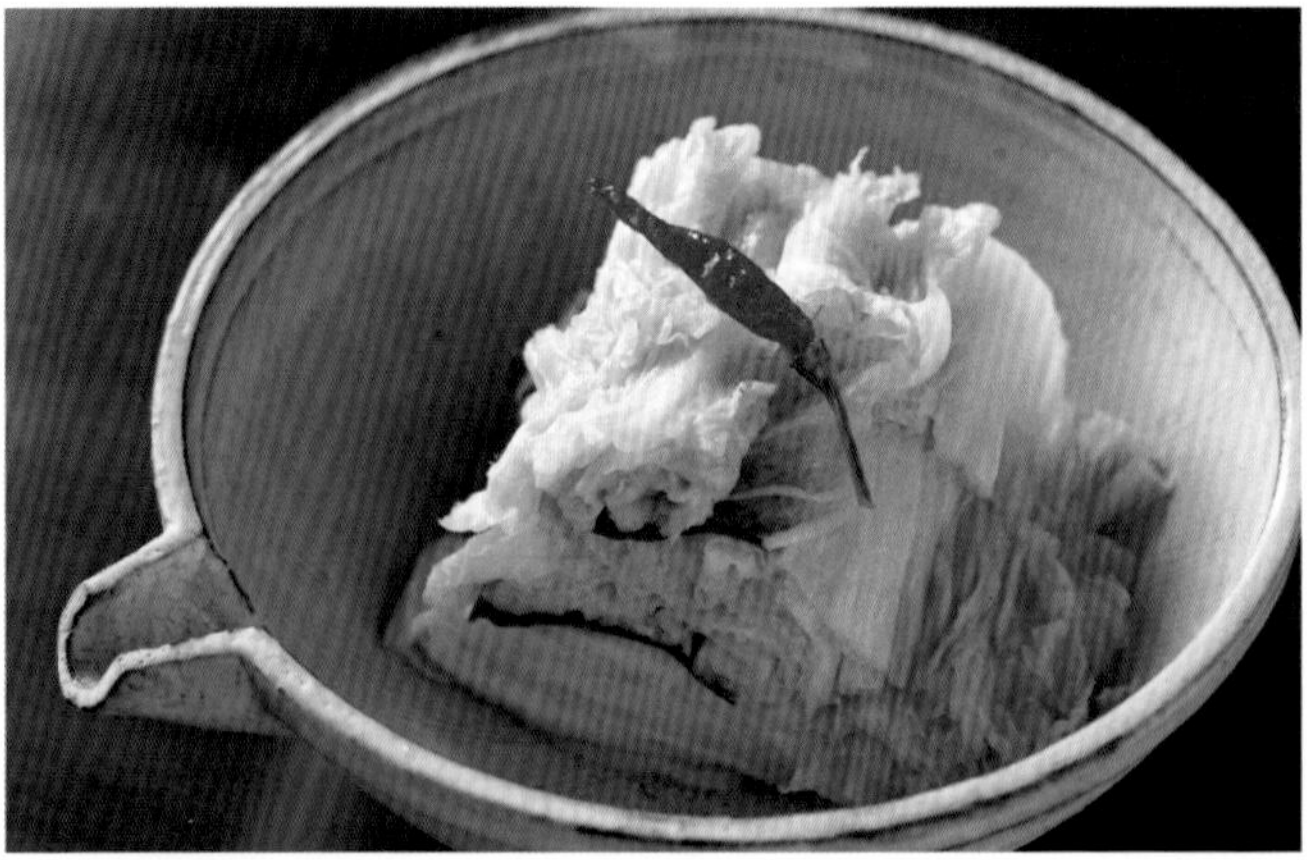

白菜の甘味とぬかの風味がマッチ。さっぱりサラダ感覚の漬け物。

冬においしい白菜は、昆布や赤唐辛子を加えて、塩で漬けるだけでもおいしいのですが、私は、白菜漬けを仕込んだら、ぬかを入れた布袋を白菜の上にのせて、重石をし、ぬか漬け風味の白菜漬けを作ります。
少量を作りたい場合は、白菜をざく切りにして即席漬けにするといいでしょう。発酵の力でほどよい酸味がつき、じんわりと甘味が感じられる漬け物です。

1 白菜を４つ割りにし、３％の塩をまぶす。根元と葉先が交互になるように容器にきっちり詰め、重石をして水分が上がるまで漬ける。

2 さらしの布袋にぬか（白菜１株に対して500ｇ程度）を入れ、白菜の上に平らにしてのせる。さらに重石をし、ぬかの成分と味を白菜に移す。４～５日後から食べられる。

暮らしの手遊び

子どもの頃から、針と糸で何かを縫うのが大好きでした。それが高じて、台所や食卓で使う布物はすべて手作り。布だけではなく、小枝やわら、葉っぱなどの自然素材も使って、和風のグッズや飾り物を作っています。

アイデアを練り、手を動かして形にし、できあがったものを使う……。なんて幸せなことでしょう！　これこそ、暮らしの醍醐味です。

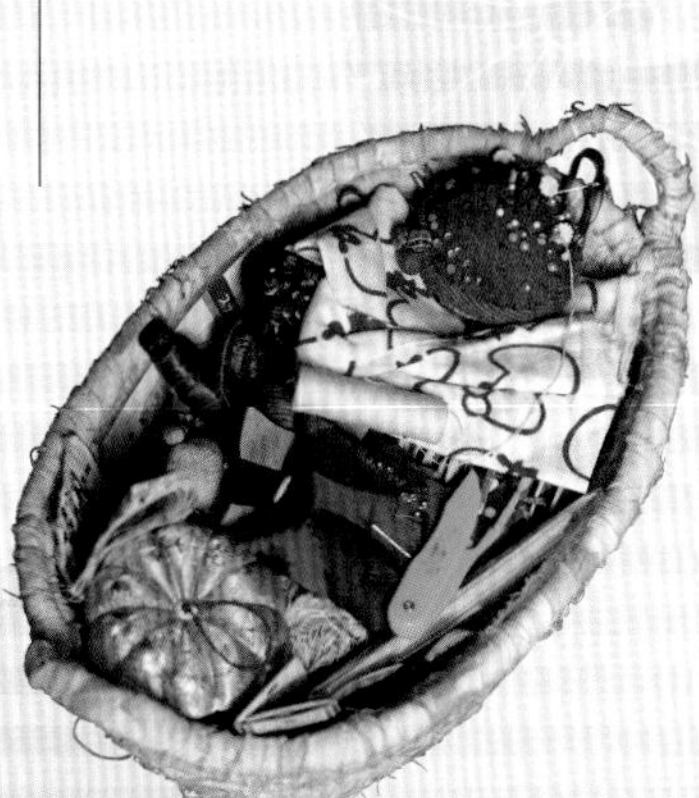

水引きを束ねて お正月飾り

紅白の水引きで結び目を作り、松の小枝をさしてしめ縄風に。黒っぽい家具に飾ってもよく映える。

お正月には、門松やしめ縄、鏡餅などのお飾りが付きもの。年神様やご先祖をお迎えし、新しい年の息災をお願いする大事な風習です。素材となる竹や松、縄、裏白、紅白の水引などには、それぞれ縁起のよい「いわれ」があります。門松やしめ縄は飾れなくても、玄関や室内にちょっとしたお正月飾りをして、あらたまった気分を味

わいたいものです。

最近は、いろいろなデザインのお正月飾りが市販されていますが、私はシンプルに、紅白の水引きと松だけで手作りします。

水引きは長いまま束ねて使い、

紅白ともそれぞれ根元に輪を作って通し、垂らすだけ。松の小枝を結び目にさせば、できあがりです。玄関ドアや室内の壁、黒っぽい扉などに飾って、福の神様をお招きしましょう！

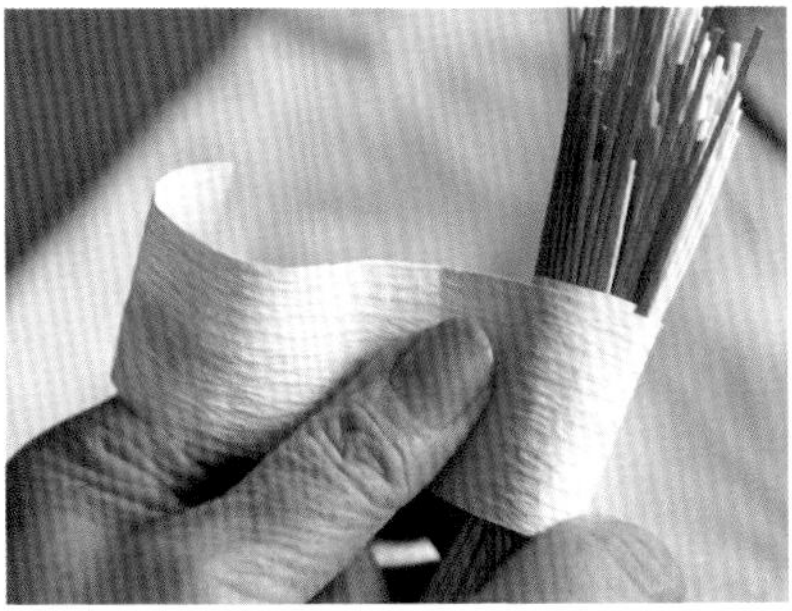

1 水引きは紅白とも10本1組のものを各5組用意。全部を束ね、片端を紙テープで巻き、別の水引き1本で結ぶ。

2 束ねたところの近くで紅白別々に水引きの輪を作り、長いほうの端を通して結び目を作る。

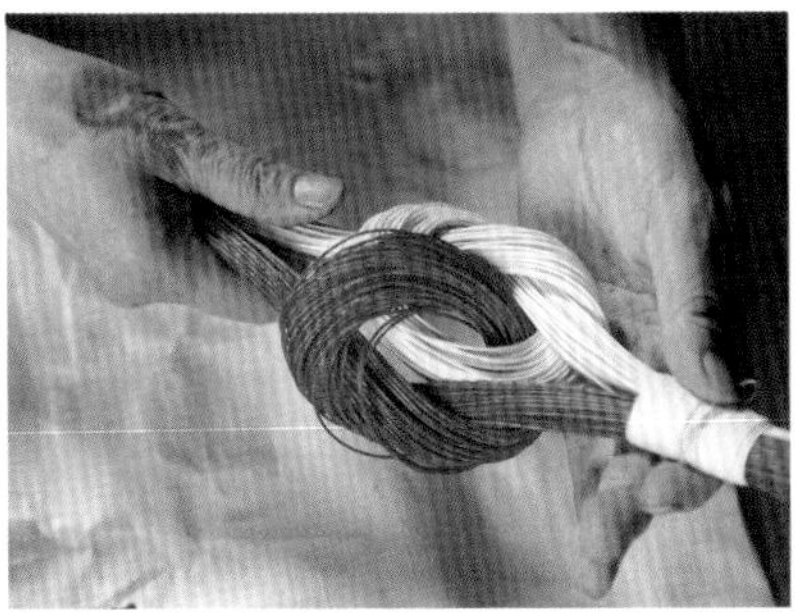

3 紅白とも結び目を作ったら、緩まないように引き締め、形を整える。

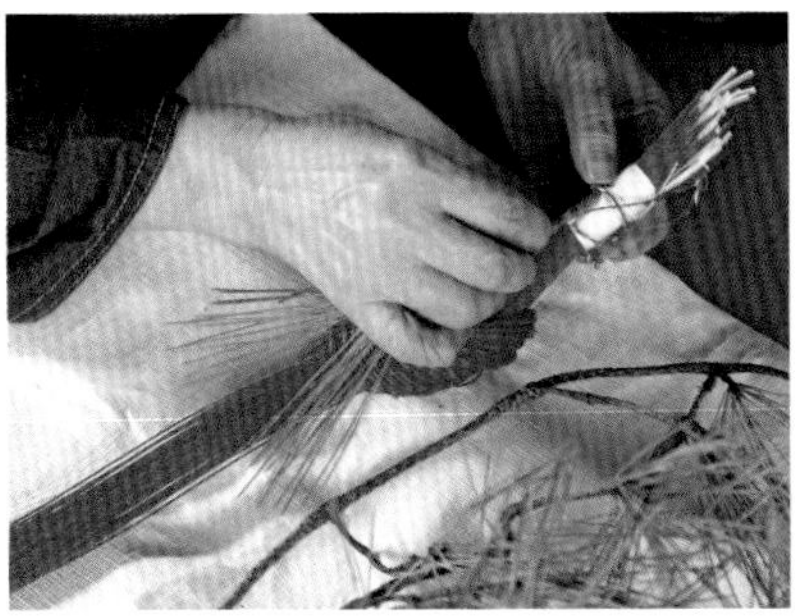

4 紙テープで結んだところに、松の小枝を松の葉が下に垂れるような形にさし込む。

古布やはぎれを縫い合わせた
コースター・鍋つかみ

はぎれを継ぎ合わせたり、刺し子で模様を入れたり。手縫いすると手触りがやわらかく、使いやすい。

古布が大好きで、気に入ったはぎれを大切に取ってあります。古い着物柄や素朴な格子柄や縞柄は、眺めているだけ、さわるだけでもうれしく、針と糸で継ぎ合わせる作業に心がおどります。

継ぎ合わせのよさは、小さなはぎれでも、好きな大きさにできる

1 気に入った柄のはぎれの端を中表にして縫い、継ぎ合わせる。

2 表に返して縫い代を片側に折り、上からステッチをかける。もう１枚を重ねて袋状に縫い、口を閉じて、縁周りにステッチをかけ、形を整える。

こと。お湯呑みやコップが載るサイズに縫えばコースターに、厚手のはぎれで大きめに作ったものは鍋つかみにと、いろいろな用途に使えます。無地に近い布は、刺し子用の糸でステッチをかけるのもいいですね。

同系色でまとめたり、派手な柄とおとなしい柄を合わせたり、柄合わせを考えるのも幸せなひととき。寒い季節は庭仕事が少ない分、温かい室内でチクチクと針仕事をすることができ、それもまた楽しいのです。

庭の小枝を削って
楊枝・菜箸

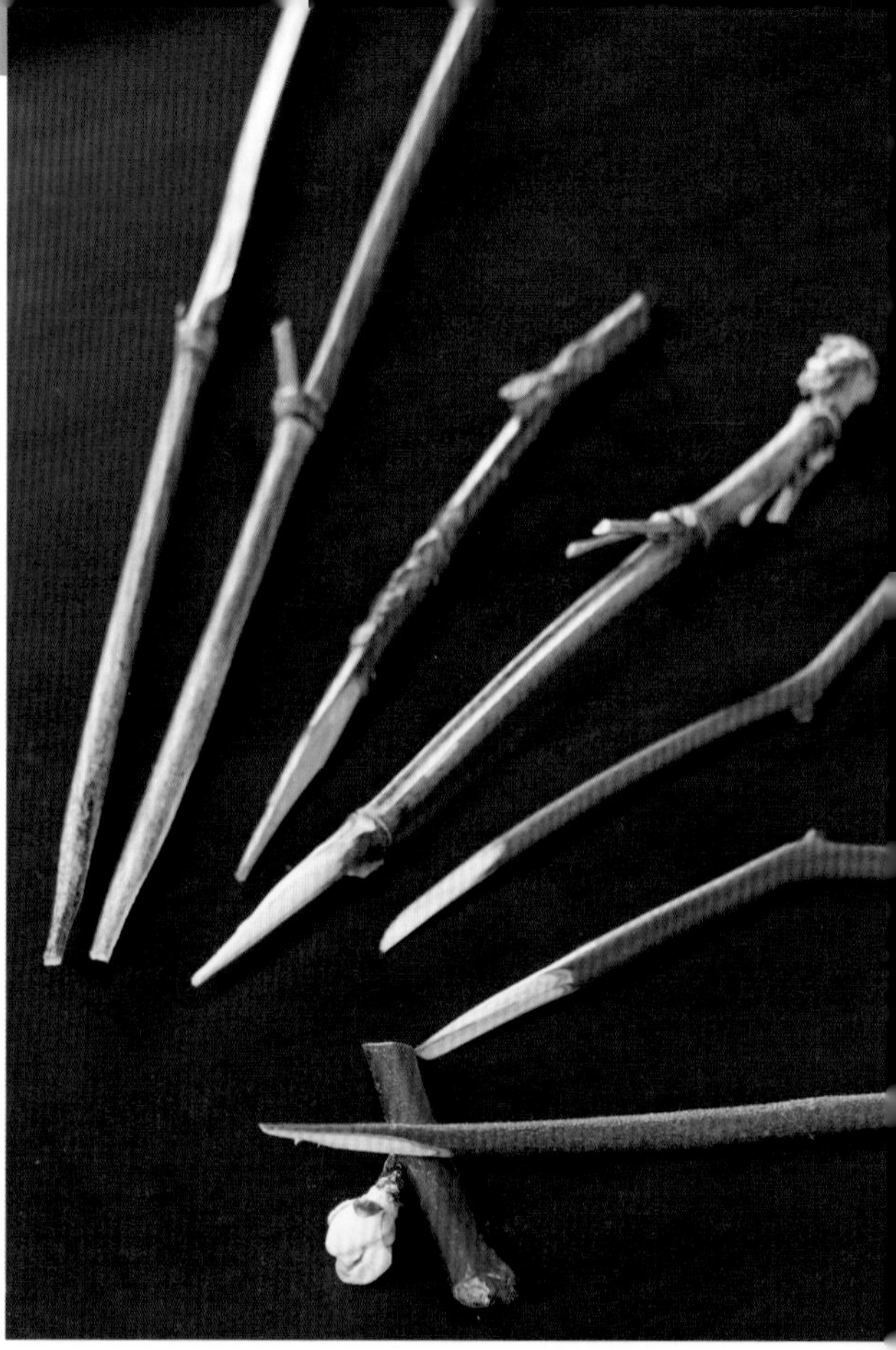

小枝の楊枝

庭の小枝を切ってきて先を削り、お菓子などに添える楊枝に。太めの枝は短く切れば、箸置きにもなる。

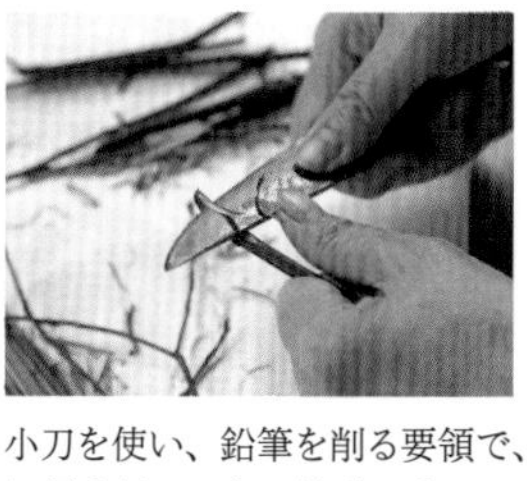

小刀を使い、鉛筆を削る要領で、細長く削る。木の触感と香りにいやされるひととき。

山ぶどう、朴（ほお）、梅、黒文字……と、わが家の小さな庭には、いろいろな樹木がところ狭しとばかりに枝を伸ばしています。三月には新芽がふくらみかけているものもありますが、葉のない落葉樹の枝先を少しだけ拝借。まっすぐに伸びた手頃な太さの枝を花ばさみで切り落とし、楊枝やお箸を作ります。口に入れるものは自然素材がいちばん。小枝を適当な長さに切ったら、鉛筆削りの要領で先を尖らせます。

枝の種類はなんでもいいのですが、楊枝には黒文字が最適。樹皮に黒い斑点のある黒文字は、削るとすっきりした香りが漂い、和菓子に添えると趣があります。

梅や桜の小さな蕾がついた枝があれば、菜箸や箸置きにしてみましょう。かわいらしいピンク色が目に飛び込み、手元がぱっと華やいで、春の香りを食卓に運んでくれます。

梅の蕾の菜箸

蕾がついた枝は、花ばさみで20～25cmにカットし、先を斜めに切る。さらに小刀で削り、同じ長さにそろえたものを2本作る。

梅の蕾を生かした菜箸を、緑のサラダに添え、早春を感じる食卓を演出。

両端をチクチク縫うだけ
さらしのお手拭き

さらしは「晒」と書くように、漂白した木綿の布です。反物で売っているので、一反*買っておくと何かと便利。私は、さらしを適当な長さに切り、ふきんやお手拭きを作ります。さらしは薄手なので肌ざわりがよく、洗濯もしやすく、とても使い勝手がいいのです。

お手拭きは、さらしを三〇～四〇センチの長さに切り、切り口

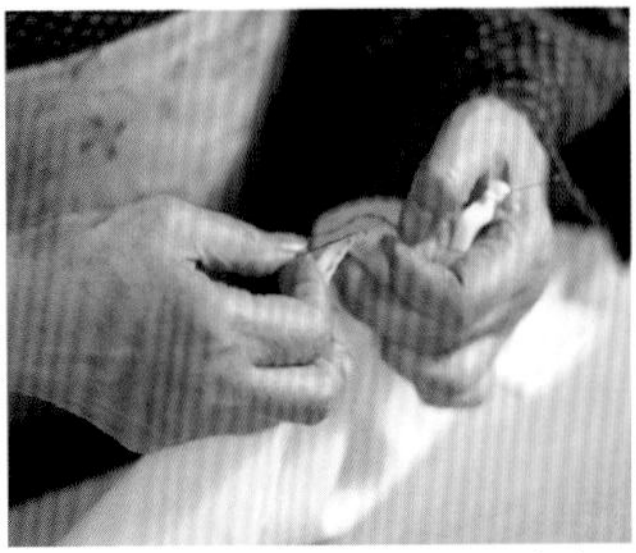

白地に映えるきれいな色糸で端を縫うだけ。清潔感のある、お客様用のお手拭きに。

を三つ折りにして、太めの糸で直線縫いします。さらしを切るときは、切りたいところで糸を一本抜き出して引っ張り、見込みをつけるとまっすぐに切れます。

さらしが白なので、糸は赤や青の刺し子用を使うと、きれいに映えます。四隅は糸で埋めるようにかがり縫いすると、かわいいアクセントに。これを五〜六枚かごに入れてテーブルや洗面台に置き、お客様に使ってもらいます。

＊さらしの１反は、幅約33cm×長さ約10m

1 さらしを30 〜 40cm長さに切り、裁ち口の２辺を三つ折りにして待ち針で留める。

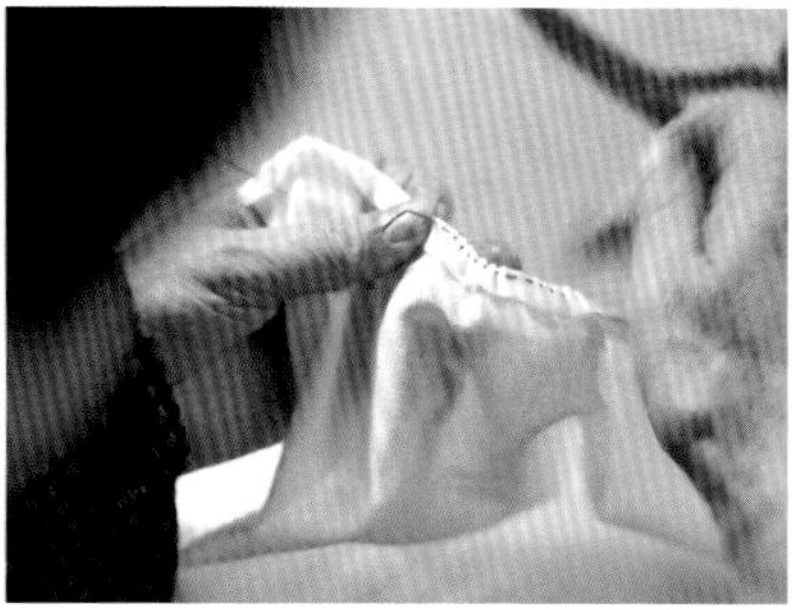

2 三つ折りした部分に直線縫いでステッチをかける。ラインを２本入れたいので、１本目は折り山の近くを縫う。

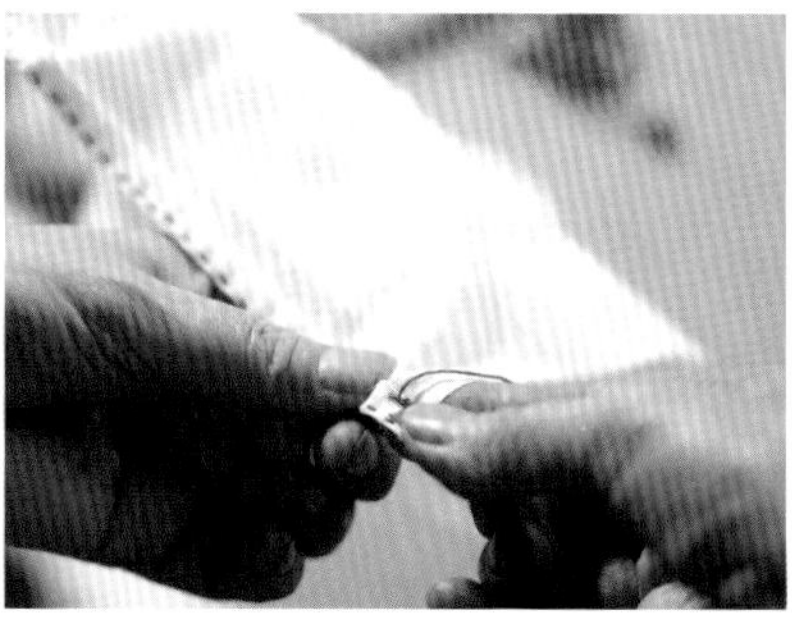

3 ２本目は、折りの口のほうにステッチを入れる。こうすると、縫い目が丈夫になる。

４隅は同じ糸で細かくかがり、アクセントに。

好みの色にチェンジ！
染めタオル

社名入りの「粗品」タオルをため込んではいませんか？　このタオルは薄手でやわらかく、使い勝手抜群。社名のほかは白地が大部分だから、私はこれをやや濃い目の色に染めて使っています。

染料は手芸店などで買えるパウダー状の化学染料。お湯に溶けやすく、しっかり染まります。ポイントは、たっぷりの染液でゆっ

染めたタオルはよく乾かして、色を定着させる。手拭きや足拭き、台拭きなど、用途はいろいろ。

くり煮ること。そして、よく洗って完全に乾かし、色を定着させることです。細かい注意事項は、染料の説明書に従ってください。

染めたタオルは畳んで、洗面所や脱衣所、外への出入り口に置いておき、手足が濡れたり、汚れたりしたときに、さっと拭けるようにします。また、テーブルや家具のほこりを拭くのにも便利。場所別、用途別に色を変えて染めるのもいいですね。

1 タンクまたは大鍋に湯を沸かし、化学染料を入れて、塩大さじ1を加える。タオル４枚で染料５ｇが目安。

2 水洗いしてしぼったタオルを広げ、1の鍋に端からそっと入れる。

3 菜箸などで、染液にタオルが浸るように押さえたり、大きく混ぜたりしながら80℃くらいで約20分煮る。

4 まんべんなく染まったら、軍手をするなどして、やけどしないように注意しながら湯を捨て、染まったタオルを流水でよく洗う。

柿渋を使って
麻の日除け

白い麻布に、柿渋で色を付けただけのシンプルな日除け。庭から入る光がやわらいで、心安らぐ空間に。

信州といえども、真夏の日差しはけっこうまぶしいもの。薄手のカーテンで窓全体をおおってもいいけれど、私は麻の日除けを吊るして、庭からの木漏れ日を楽しむようにしています。

麻布はパリッとした手ざわりで見た目も涼し気。反物で購入した白い麻布を使い、幅はそのままで窓の長さに合わせて切り、カーテンレールにかけるのです。

でもそれだけでは寂しいので、麻布に柿渋で模様を付けることに。柿渋は未熟な柿を発酵熟成させた液。塗料や染料として用いられています。ここでは市販の柿渋を使い、白地の余白を生かして四角い模様になるように刷毛で塗っていきました。丸を描いたり、波模様にしてもよく、塗りむらがあっても大丈夫。庭の緑とマッチした自然な色がすてきです。

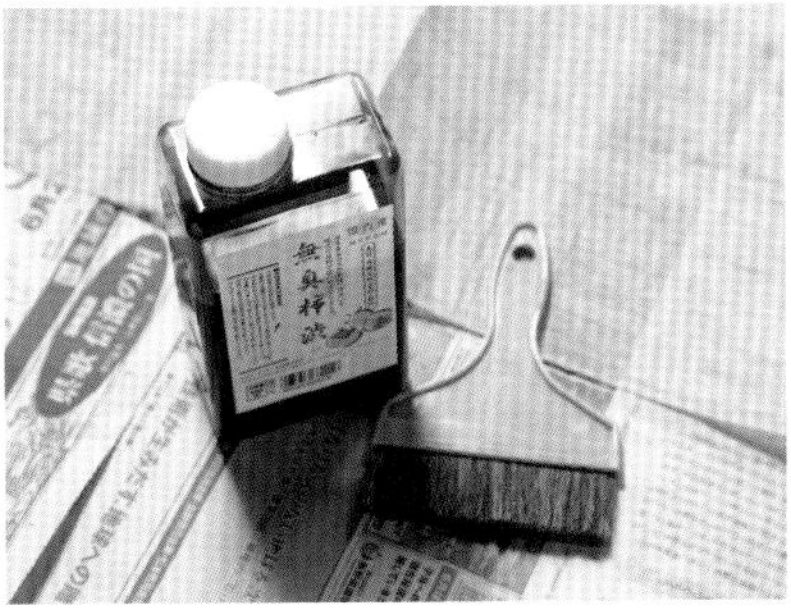

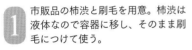

1 市販品の柿渋と刷毛を用意。柿渋は液体なので容器に移し、そのまま刷毛につけて使う。

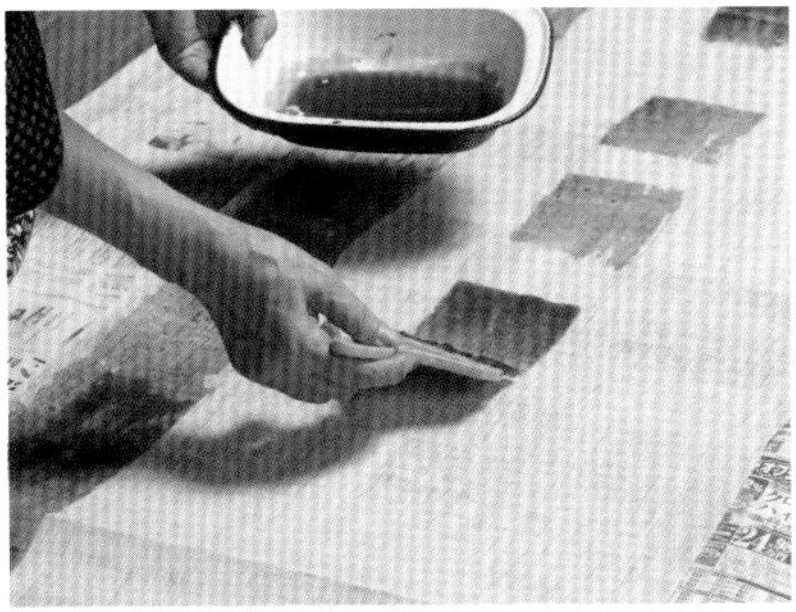

2 新聞紙を敷いた上に麻布を置き、刷毛で柿渋を塗っていく。まず、刷毛の幅を生かし、端をライン状に塗る。次に、適当な間隔をあけて塗ると、四角い模様に。

3 もう片方の端は、刷毛を縦に使い、細いライン状に塗る。液が垂れないように、きれいに乾かしてから、カーテンレールなどにかける。

古布とステッチでおしゃれに
刺し子のふきん

無地のさらしに一手間加えて、使うのが楽しくなるようなふきんを作りませんか？　一手間とは、色柄のある布を縫い付け、すてきに変身させること。地のふきんはさらしの布を二重にし、適当な長さに切って、周囲を刺し子用の糸で縫い合わせたもの。

柄布でおすすめしたいのは、落

古布を縫い付けたり、刺し子風の模様にしたり。台所仕事が楽しくなるふきんに。

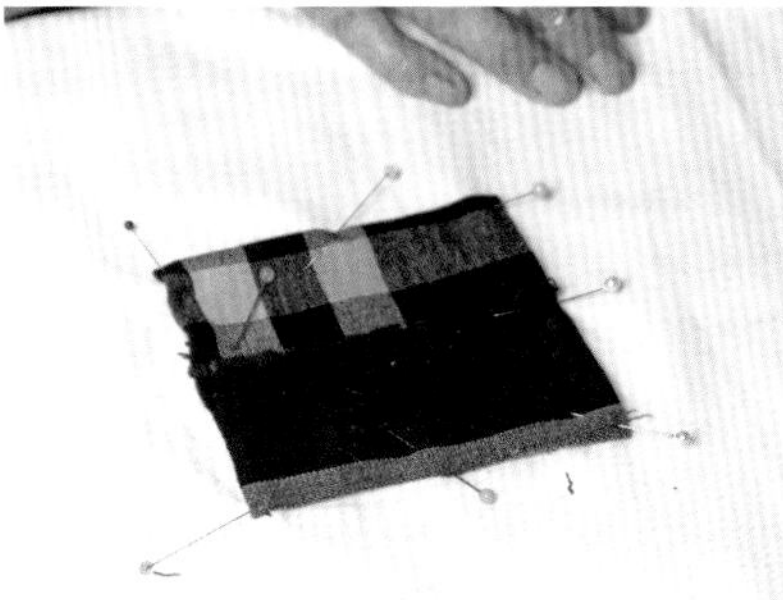

1 さらしの布を二重にして、ふきんの長さに切る。好みの柄の布を組み合わせて中央に置き、柄布の端を少し内側に折って待ち針で留める。

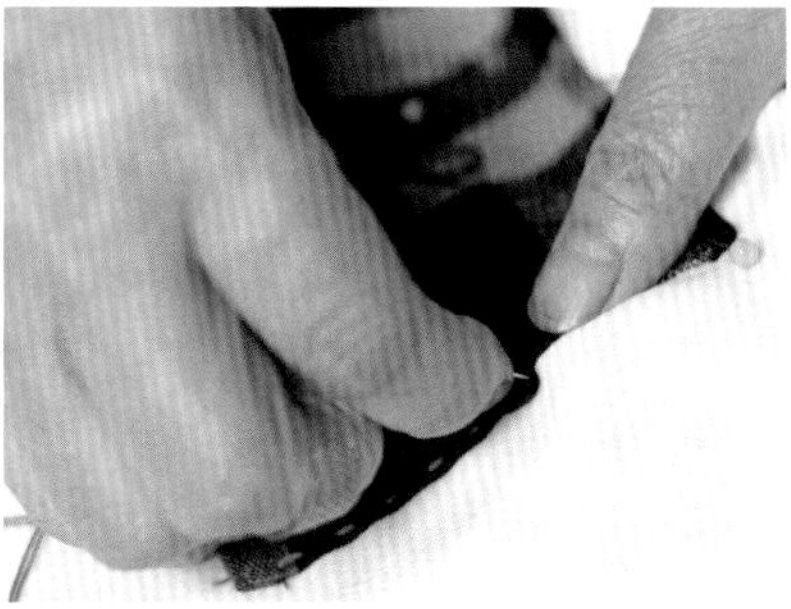

2 柄布をふきんに縫い付ける。刺し子用の太めの糸を使い、粗い針目で縫っていく。

3 柄布の1㎜外側をぐるりと縫い、ステッチをかけた感じに。

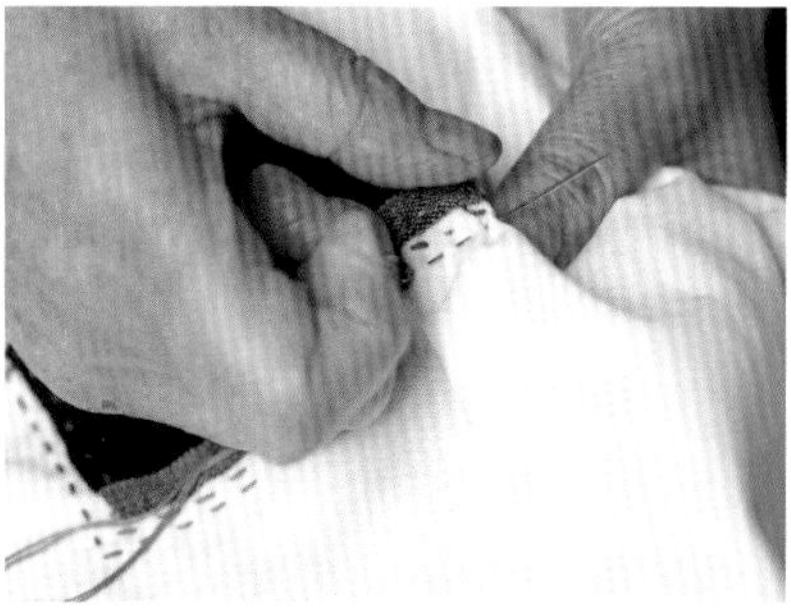

4 3の外側を2周縫って、3重のステッチにする。ふきんの周囲は端を少し内側に折り、3と同じ糸でステッチをかけたように縫い合わせる。

ち着いた色合いの古布。私は集めておいたはぎれの中から、格子柄や縞柄を選んで組み合わせ、ふきんの中央に縫い付けます。その周りに刺し子風のステッチを入れるだけで、ぐっとおしゃれに！

柄布がないときは、全面にステッチを入れたり、刺し子模様を入れたり。食器や鍋を拭くだけでなく、お盆にセットしたお茶道具にかけたり、ランチョンマットにしたり、食卓でも大活躍します。

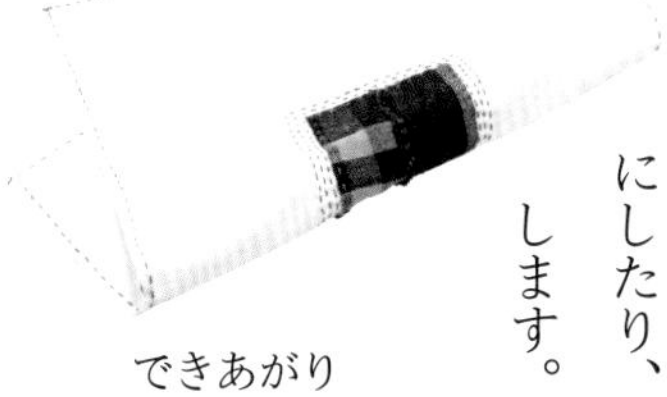

できあがり

輪を作り、巻き付けるだけ
つるの急須敷き

樹木やフェンスに巻き付きながらどんどんつるを伸ばしていく、つる性植物。わが家の庭にもツヅラフジやヘクソカズラがはびこっていますが、それらは夏にかわいい花を咲かせ、秋になると結実して、青から赤や紫、黒の実へと熟していきます。

大きめに作って土瓶敷きに、小さく作って急須敷きにと、いろいろなサイズがあると便利。

できあがり

これはアケビのつる。ほかに、アオツヅラフジやヘクソカズラなどを使う。

つる性植物の特徴はつる（茎）がやわらかく、曲げやすいこと。その性質を利用して急須敷きを作ってみましょう。つるは根元が太く、先に行くほど細くなるので、まず太いほうを二〜三重にして土台になる輪を作り、大きさを決めます。そこへ、外から内へとつるを通して巻き付けていきます。

わが家の急須や土瓶のサイズにぴったり合わせられるところが、手作りならではのよさ。自然素材の小道具が、くつろぎのお茶の時間にしてくれます。

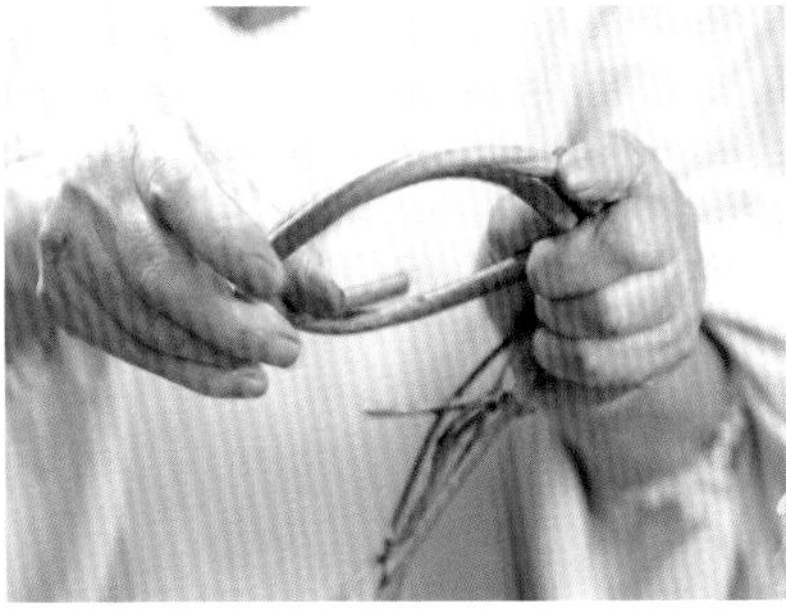

1 つるの太い部分で土台になる輪を作る。ここで輪の大きさを決め、つるを巻き付けていく。

2 巻いていくと、だんだんつるが細くなるので、間隔を密にしていき、輪を太くしていく。途中で別のつるを足してもよい。

3 つるの最後まで巻けたら、先端を輪の間に差し込み、はみ出した葉などをはさみで切る。

紅葉を集めて 食卓を彩る

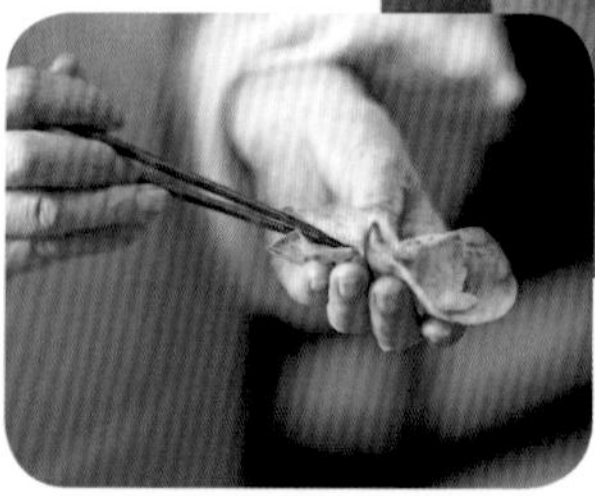

柿の葉に寿司飯と刺身をのせてはさみ、柿の葉寿司に。色づき具合が一枚ずつ違っていて、並べるときれい。

秋も深まってくると、庭の落葉樹が赤や黄色に色づいてきて、とてもきれいです。この時季の楽しみは、一枚、二枚と地面に舞い降りた紅葉、黄葉を拾い集めて、料理や食卓のあしらいに使うこと。

とくにお気に入りなのは柿の葉です。一枚として同じ色がなく、同じ柿色でも茶色がかっていたり、黄色っぽかったり。私はこの柿の葉で柿の葉寿司を作ります。色づいた葉を使うと、並べたとき、色のグラデーションが楽しめます。ここでは簡単に、柿の葉に寿司飯とサーモンなどの刺身をのせ、半分に折って盛りました。

懐紙代わりにする方法もあります。新聞紙にはさんでアイロンをかけ、押し葉のようにすると、色が長持ちします。こちらは桜や山ぶどうの葉がおすすめ。いろいろな色や形の葉で試してみて！

柿や楓、山ぶどうなどの色づいた葉をざるに集めておき、料理のあしらいや器代わりに。

かご盛りにした葉っぱにクッキーをのせて、秋色のおもてなし。

左はポーポーの葉。小さな干菓子を盛って、お茶のひとときを。

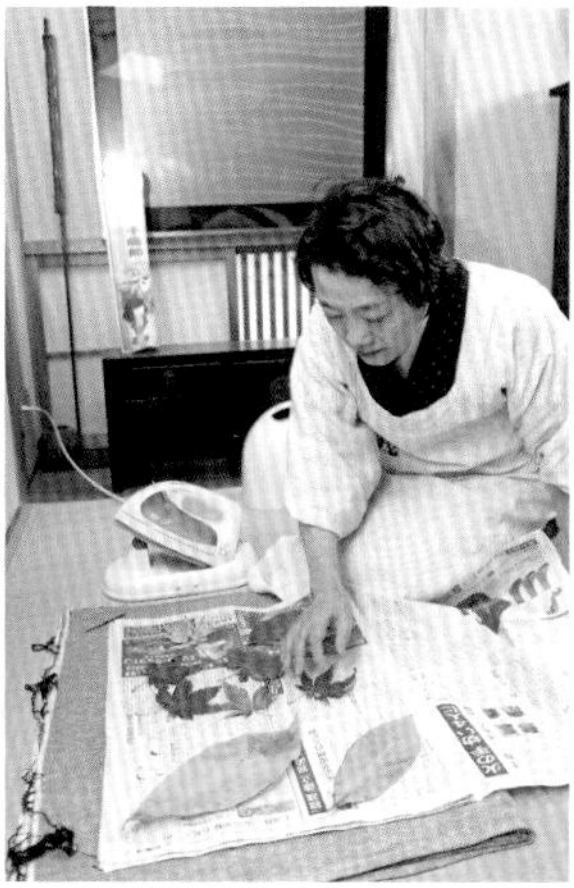

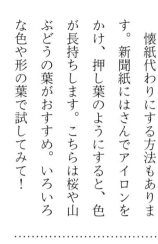

薄くてやわらかい葉は、新聞紙にはさんでアイロンをかけると、水分が飛び、色が長く保てる。

わら編みのクリスマスリース

師走の仕事に追われていても、クリスマスにはリースを飾り、ちょっとした洋風の料理とワインで一息つきたいもの。そこで、パパっと簡単に作れるリースをご紹介しましょう。

クリスマスリースといえば、ヒバなどの緑の葉に赤い実や金色のリボンを組み合わせたカラフルなリースを思い浮かべますが、私が作るのは、土台にわらを使った和風リース。

リース台にわらを使えば、和風のインテリアによく合うクリスマスリースに。

まず、わらを一つかみ手に取り、根元をしばって三つ編みにします。ここへ、柊（ひいらぎ）や雑穀の穂、シルバーリーフ、赤い実のついたつるをあしらいます。ポイントは、根元から下にふわっと垂れる感じにすること。わら以外の材料は、山に行ったときに見つけて、ドライにしておくのもいいですね。シンプルでどこか懐かしい雰囲気が、静かな聖夜によく合い、見ているだけで心がいやされます。

1 わらを30～40本束ね、根元をしばる。わらを３等分して三つ編みにし、編み終わりもしばる。

2 柊の葉と実、たかきびなどの雑穀の穂、実の付いたつる、シルバーのドライリーフなどを用意する。

3 わらに柊をバランスよくさし、雑穀の穂は下向きになるようにさして、ドライリーフをあしらう。

4 最後につるを形よく巻き付ける。根元にワイヤーなどで輪っかを付け、家具や壁にかけられるようにする。

横山タカ子（よこやま・たかこ）
長野県在住、料理研究家。地元の郷土食の知恵を生かした、作りやすい家庭料理を考案。長野や東京で開く料理教室や講演会などを通して、季節の手作り保存食や暮らしの楽しみ方を伝えている。NHK「きょうの料理」の講師のほか、「ごごナマ」などにも出演。著書に『健康おかず 作りおき』（主婦と生活社）、『四季に寄り添い 暮らしかさねて』（信濃毎日新聞社）など多数。

撮　影　　山浦剛典
ブックデザイン　唐澤亜紀
構　成　　山中純子

信州発
旬の彩り、和のごはん

2020年3月10日　初版第1刷発行

著者　横山タカ子

発行者　松原淑子
発行所　清流出版株式会社
101-0051　東京都千代田区神田神保町3-7-1
電話　03-3288-5405
http://www.seiryupub.co.jp/
印刷・製本　図書印刷株式会社

乱丁・落丁本はお取替えいたします。
ISBN 978-4-86029-493-9